AF344030

Le
Bureau d'Esprit
Comédie en cinq actes et en prose.
P:M:L:C:R:G:A:
Time makes more couverts than reason
Le tems fait plus de Prosélites
que la raison.
Le Sens commun, page 1.Introduction.
Seconde Edition, revue, corrigée,
et augmentée.
A Londres.
M.DCC.LXXVII.

PRÉFACE

DE

LA PREMIERE ÉDITION.

L A Comédie que l'on donne aujourd'hui au Public eſt le fruit d'une eſpèce de défi. Il ne reſte pas un ſeul caractère à traiter, me diſoit un jour quelqu'un, nos devanciers ſe ſont emparés de tout ; on aura beau faire, il faudra les répéter. Je lui répondis que le champ où Thalie peut moiſſonner eſt inépuiſable, parce que les ſottiſes & les ridicules des hommes ſont ſans bornes, & que perſonne ici-bas n'en eſt exempt. A ce compte, me dit-il, vous avez donc les vôtres ? Oui, ſans doute, répliquai-je ; & ſi j'étois dans un point de vue aſſez remarquable pour qu'on fît attention à moi, peut-être aurois-je l'honneur un jour d'être *un ſujet* qu'on traiteroit ; je ne ſuis pas homme à m'en fâcher, parce que je verrois bien que chacun de mes voiſins, mis à ma place, fourniroit à un bon obſervateur de quoi me pro-

A

curer ma revanche. Vous favez à merveille, répartit-il, que tout ce qui eft criminel & vicieux ne fauroit être l'objet de la Comédie. Mon ami, lui dis-je, renfermons-nous dans les ridicules, & je vous réponds que nous ne fommes pas prêts de les épuifer.

Cette converfation amena infenfiblement fur le tapis quelques hommes célèbres de ce fiécle. Après avoir loué leurs ouvrages, mon ami s'émancipa à fronder quelques-unes de leurs préventions : il déclama fur-tout contre les prétentions exclufives de certain defpotifme, fondé fur une opinion exagérée de leur propre mérite. Eh ! bien, lui dis-je, ne voilà-t-il pas le ridicule tout trouvé ? Cela eft vrai, répondit-il, & ce n'eft pas le moins infupportable de tous ; mais quel eft l'homme affez hardi pour le mettre au grand jour ? Celui, continuai-je, qui préférera la vérité aux louanges, qui aura l'intrépidité de braver leur ire poëtique, & affez de bonne humeur pour rire de leurs traits. Je voudrois bien voir ce mortel-là, me dit-il. Croyez-vous, repartis-je, que perfonne ne lui en faura gré ? Soyez per-

(3)

ſuadé qu'il eſt bien des gens raiſonnables qui ſont las de porter le joug.

Rempli de cette idée , j'ai eu la témérité de haſarder mes portraits avec quelqu'eſpoir qu'il ſe trouvera plus d'un originil à qui les traits pourront convenir. Je déclare a ceux qui pour-roient ſe fâcher , que , pour moi leur colere n'aura d'autre effet que de donner plus de ſaillie aux travers qui obſcurciſſent leurs ta-lens. Nouvelle Comédie par conſéquent où je promets de reſpecter toujours les mœurs & les perſonnes.

J'offre & je dédie ma Pièce à tous les Gens de Lettres déſintéreſſés , & qui ne ſont d'aucun parti , à tous les hommes ſenſés , qui ſavent bien que rien n'eſt plus abſurde dans le monde que de ſe croire parfait , & parfait tout ſeul, & qui penſent que les autorités tranchantes & les décrets irrévocables des Auteurs privilégiés ſont les fléaux des Arts & des Sciences. Si ces deux claſſes-là trouvent ma Comédie crimi-nelle , je la condamne moi-même de grand cœur.

Je ne m'amuſe pas à demander de l'indul-
A ij

gence , je sçais très-bien qu'on n'en aura pas beaucoup pour moi , excepté peut-être le petit nombre de ceux qui pourroient trouver mon intention affez louable pour me pardonner un attentat de lèze-Philofophie.

PRÉFACE

DE

LA SECONDE EDITION.

C'EST de l'aveu de l'Auteur que l'on donne une seconde édition de cette Comédie: elle aura sur la première l'avantage d'être imprimée avec des corrections de sa main, & celui de n'être point mutilée ou défigurée en nombre d'endroits par un Imprimeur *bel-esprit*, qui s'ingere à rectifier le texte des Auteurs, dont il peut venir à bout de surprendre & de s'approprier les Manuscrits. C'est du moins ce qui est arrivé a la premiere édition de cette Pièce.

Le Public voudra bien me permettre d'ajouter une Préface de ma façon a celle que l'Auteur avoit mise en tête de son premier Manuscrit, elle est devenue nécessaire par bien des raisons que l'on sentira aisément.

Inconnu & assez obscur jusqu'à présent, mon ami a eu la facilité, pendant la fermentation singuliere que la publication de sa Comédie a causée, de recueillir dans les Cercles divers de la Capitale les Eloges & les Critiques que l'on en faisoient. Ses Censeurs s'expliquoient avec d'autant plus de franchise, qu'ils ignoroient devant qui ils parloient. Il s'est beaucoup servi

A iij

de leurs animadversions pour mettre son ouvrage en l'état où on vient de le réimprimer. Se corriger est le meilleur parti que l'on puisse tirer des Critiques que l'on essuie.

Quant aux persécutions que l'on a suscitées contre sa Pièce, je ne puis donner au Lecteur une idée plus juste de ce qu'il en pense qu'en lui mettant sous les yeux ce que je pourrai me rappeller de quelques entretiens que j'ai eus avec lui, au sujet de tout le bien & de tout le mal qui a été dit de cette production : il n'avoit certainement prévu ni sa proscription passionnée, ni la vogue rapide & soutenue qu'a eu l'ouvrage en dépit des persécuteurs.

Le Public avoit à peine eu le tems de connoître le titre de cette Pièce, lorsqu'un homme célèbre s'en offensa : il avoit sans doute ses raisons pour prendre si fort à cœur les ridicules qu'elle fait pleuvoir sur le despotisme littéraire de quelques gens d'esprit, qui malheureusement pour eux & pour les autres ont été trop préconisés. Du moins il y a mis une chaleur que l'on ne témoigne que dans sa propre cause, & que tous les beaux prétextes dont on la couvre ne peuvent colorer que foiblement. Sur le champ il s'adressa au Chef de la Police ; il se plaignit avec amertume, il demanda que ce malheureux fruit d'une plume audacieuse fût étouffé avant de voir le jour, il traduisit comme punissable un Ecrivain assez hardi pour secouer le joug qu'il eſt en poſſeſſion d'impoſer aux humbles inſtituteurs que ſa main ſçavante a placés auprès de tant de jeunes Alteſſes depuis les bords du Rhin juſqu'à ceux de la Viſtule & du Volga. Perquiſitions, ſaiſies, déclamations, injures, accuſations de quelques malheureux Auteurs trop précipitamment ſoupçonnés & couverts en conſéquence de toute l'amertume du fiel philoſophique ; tels furent les premiers éclats de l'indignation du Sage moderne ! Ne faut-il pas conclure d'un pareil égarement de ſenſibilité dans l'ame d'un Philoſophe , que la reſſemblance l'avoit vivement frappé ? L'Auteur, qui ne le connoît point, n'a pas dû s'y attendre ; il peignoit tranquillement & de bonne-foi les abus de l'eſprit & du ſçavoir : comment auroit-il pu s'imaginer que c'étoit perſonnifier cet homme ſublime ?

Au premier bruit des pourſuites que l'on faiſoit à la réquiſition du Philoſophe & de la viſite déſagréable qu'avoit reçu un pauvre Jour-naliſte très-innocent , ſur qui néanmoins on rejettoit cette iniquité, je courus chez mon ami. Imprudent mortel, lui dis-je , qu'avez-vous-fait ? Malheureux ! vous avez ameuté contre vous toute la ſecte philoſophique ! Tremblez ! Cette ligue également puiſſante & dangereuſe va vous écraſer ſous le poids de ſon reſſentiment. Sçavez - vous bien que rien n'échappe à ſon œil perçant ni à ſa colere implacable. L'hydre à cent têtes avoit moins de dards empoisonnés & pouſſoit des ſifflemens moins furieux. Je n'ai pas envie, me répondit-il très-froidement, de m'y dérober, mais j'appréhende un peu moins que vous tous ces vains éclats. Il eſt bien vrai que ne croyant donner par-la aucune offenſe a mon Roi ni aux Loix de ma Patrie, j'ai pris la liberté de peindre des pédants d'un ordre un peu ſupérieur à ceux que le bon Moliere a ſi juſtement rendu ridicules : en écrivant j'ai pris ce grand homme pour modele ; il le ſera encore dans la conduite que je tiendrai avec mes originaux. Il prit le ſage parti de laiſſer dire les clabaudeurs de ſon terns ; il faut que je me taiſe, ou que je brave de même les clameurs de ceux du mien. Mes perſonnages ſont ſots & ridicules ; quiconque ſe les appropriera doit faire moins de peur que de pitié, & tout homme de bon ſens répondra à ſes aigres déclamations, qu'il ſe taiſe & qu'il ſe corrige. -- Que cette comparaiſon eſt peu réfléchie ; & que vous connoiſſez mal le ſiécle où vous vivez. -- Le ſiécle où je vis reſſemble à tous ceux qui l'ont précédé : les humains y naiſſent avec le ſens commun, cela me ſuffit. Le ſens commun n'a jamais refuſé de rire quand on lui a fait voir la ſottiſe démaſquée & l'orgueil puérile dépouillé du reſpectable fatras dont l'opinion & le préjugé ne peuvent le revêtir que quelques inſtans. L'âge, où Moliere

a vêcu, fourniſſoit des Vadius & des Triſſo-
tins à faire huer ; j'aurais pu, ne jouant que les
Duluth & les Calcas, ne point ſortir du para-
lelle : mais malheureuſement l'abſurde engoû-
ment perſonnel & l'eſprit de cabale ont gagné
des perſonnages qui dégradent des talens ſu-
périeurs par ces mêmes travers excluſifs & cette
ſotte envie qui accompagnent l'ineptie des premiers : faut-il pour cela leur faire grace ? Ce
n'eſt point mon ſentiment. J'ai bien prévu les
dangers que je courois, & qu'avec bien moins
de talent que Moliere, je n'avois pas comme
lui l'avantage de n'attaquer que des imbéciles :
une réflexion eſt venue m'encourager, c'eſt
qu'avec de bons eſprits il y a toujours de la
reſſource : ils pourront ſe corriger, & alors peut-
être ils auront eux-mêmes le courage de me
pardonner. -- Mais on dit que vous jouez un
corps reſpectable ! Propos vuide de ſens, ré-
pliqua-t-il bruſquement, pitoyable & trom-
peuſe Egide ſous laquelle la foibleſſe de quelques pédans cherche a ſe mettre à couvert !
Quelques membres, qui ont intérêt à faire
cauſe commune, voudroient bien pouvoir
prouver cela ; mais ce Corps reſpectable voit
trop clair pour adopter leur chimere. Non, non,
il ne prendra pas la choſe ſi fort au criminel
quo ces Meſſieurs le deſirent. Les bons eſprits
dominent dans ce Corps ; ils ſont les premiers
à déſapprouver la révoltante prétention de

dogmatiſer excluſivement. Ce ridicule privilége n'eſt point attaché au Fauteuil Académique: quand quelques-uns de ceux qui ſont parvenus à s'y aſſeoir font une ſottiſe auſſi forte que celle d'uſurper la prérogative de diſtribuer des palmes à leurs adhérens, & d'accabler tout oppoſant d'injures, c'eſt pour leur compte particulier. Le Corps a trop de bon ſens pour épouſer leurs iniquités, & trop de juſtice pour ſe charger de leur vengeance.

L'indémontable Auteur avoit raiſon : ſa prédiction a été juſtifiée par l'événement. Auſſi étoit-elle fondée ſur la diſtinction judicieuſe qu'il faiſoit d'une aſſemblée reſpectable au Conciliabule privé de quelques - uns de ſes Membres, qui , compris leurs Candidats particuliers, peut bien y reſſembler par le nombre, & en différer beaucoup en valeur: c'étoit aſſûrément là ſa penſée. Auſſi ce Corps qu'il fait profeſſion de reſpecter, a vu avec une tranquilité digne de lui la juſte cenſure de l'abus que fait depuis long-tems la cabale philoſophique d'une réputation uſurpée, & que dans ſa décadence elle voudroit étayer de la ſienne.

Il ne reſtoit donc plus à ces ſages abandonnés qu'à ſignaler leur courroux philoſophique par les voies ordinaires: auſſi n'y ont-ils pas manqué ; leurs efforts ont été couronnés par leurs ſuccès accoutumés, c'eſt-à-dire , la rage impuiſſante & la confuſion la plus complette ;

le rifible emportement de l'un d'entre eux a fur-tout juftifié ce qui va fuivre.

Mais enfin, continuai-je à l'Auteur : Comment eft - il poffible que ce pauvre M. Duluth ne frémiffe pas ? Jufqu'à préfent à la vérité, on n'en a guère pris pitié ; mais pour le coup la fatyre eft trop forte, & on ne vous la paffera point. — Quant à ce Mirmidon, répartit-il, tout ce qui eft fouverainement ridicule, fur-tout en fait de pédantifme & de médiocrité infolente, ne fçauroit manquer d'avoir des rapports avec lui : il feroit difficile de revêtir un perfonnage de ces attributs fans qu'il lui reffemblât comme fon frere jumeau. Heureufement il a toujours la confolation à la main. Tandis que l'Univers le hue, il élève la voix plus haut que tous les fifflets, & récite lui-même fon panégyrique du haut des toits. Plus âpre à s'enivrer de fes propres louanges que feu Perrin Dandin ne l'étoit à juger, fi on s'avifoit de l'en chaffer, il gagneroit encore la lucarne, & à travers les barreaux il crieroit aux paffans : O le grand homme ! ô le furieux génie que je fuis ! —

Mais au moins, ajoutai-je, n'a-t-on pas raifon de vous blâmer d'avoir, excufez ma franchife, par un effet de la malignité la plus noire & la plus gratuite, jetté la caricature la plus condamnable fur le caractere d'une perfonne dont la bienfaifance ne méritoit que des hommages?

-- Pitoyable récrimination, plus foible encore que les précédentes ! je n'ai point le bonheur de connoître l'être respectable que l'on me cite. J'admire trop la bonté & la générosité pour faire le moindre outrage a quiconque est doué de ces qualités rares & précieuses, j'aurois tout au plus eu des regrets de voir les effets d'un principe aussi noble tomber sur d'insupportables pédans, & j'aurois distingué un aveuglement déplorable des autres traits personnels faits pour mériter l'estime ; le personnage est de mon invention. Tous les pédagogues qui ressembleront à ceux que j'ai peints, trouveront toujours leur compte a faire entendre aux personnes qui possedent les richesses & le crédit, & qui leur ont témoigné des bontés, qu'en ridiculisant les protégés on a diffâmé les protecteurs. C'est par l'abus de cette maxime qu'ils se sont quelquefois déchargés d'une partie de leurs sottises sur des personnages faits pour être révérés. Je sens à merveille que leur but personnel seroit bien mieux rempli en excitant contre ma Comédie le courroux de quelques Grands qui les souffrent, qu'en permettant qu'elle les éclaire sur les illusions qu'ils sont parvenus à leur faire. Ils se réunissent en phalange, ils se tourmentent pour intercepter jusqu'au moindre rayon de lumiere qui pourroit tomber directement sur leurs intrigues. Mais l'éclat indiscret qu'ils ont fait n'est propre qu'à tromper leurs vues : s'être reconnus avec autant d'humeur , c'étoit convenir de la juſteſſe des traits : ceci une fois poſé , quel eſt le mortel aſſez inſenſé pour être le champion de pareils originaux ?

Malgré tout ce que je venois d'entendre, je ne me crus point encore au bout de mes repréſentations. On remarque avec indignation, lui dis-je, un autre perſonnage dans votre Pièce, dont les traits ſont outrés, & à qui, ſortant des bornes du ridicule où vous vous êtes aſſez bien renfermé d'ailleurs , vous donnez un caractere moral révoltant. Pour celui-là, me dit-il , je ne me ſerois jamais douté d'une application particuliere : j'ai cru au contraire en le ſurchargeant ainſi, m'éloigner de toute reſſemblance ; je vois bien que j'ai manqué mon but. Malgré mes précautions, il ſe trouve quelqu'un qui dit que c'eſt lui. Je ſens que la mépriſe de ma part doit lui paroître fâcheuſe , mais je n'en ſuis point cauſe : je lui conſeille, s'il exiſte, de ſe défaire bien vîte de tous ces vilains traits - là. C'eſt l'affaire de chaque particulier de ne point reſſembler aux tableaux que trace la Muſe Comique, & non pas l'affaire de celle-ci de conſulter chaque individu avant de tracer des défauts qui par haſard leur appartiennent. Je ne connois aucun des Philoſophes en particulier, mais je ſens à merveille que les conſéquences de leurs principes peuvent faire d'un homme ce qu'est le personnage en question.

En voyant mon ami monté sur ce ton-là, il devenoit bien inutile de lui citer les plaintes ameres de quelques autres ; aussi je passai rapidement des reproches moraux aux diverses critiques littéraires qu'on avoit faites de sa Pièce. Je le trouvai bien plus traitable sur cet article que sur le précédent.

La Critique, avec sa précision ordinaire, s'est attachée aux fautes grammaticales de l'ouvrage, & le style a été épluché avec toute la rigueur du purisme françois. N'étoit-ce pas une méprise ? On paroît avoir perdu de vue que le langage de cette production devoit être celui de la société ordinaire, où l'on n'étudie point si scrupuleusement ses paroles & ses phrases : d'ailleurs il a fallu conserver à quelques - uns des personnages l'affectation, les tours forcés & les expressions lourdes & scientifiques du pédantisme. Cependant pour s'accommoder à la délicatesse de quelques Lecteurs, on a mis dans cette seconde Edition plus de correction & d'exactitude de Syntaxe.

Quelques personnes ont trouvé de la langueur & de la prolixité dans le second Acte. Quoique les longueurs de quelques Scènes soient essentielles à l'intrigue que l'Auteur ne pouvoit éviter de faire servir de lien à toutes les parties de son ouvrage, suivant l'usage qui en prescrit toujours une sur le Théâtre , il a retranchées toutes celles qu'il a pu, & a tâché de réchauffer cet acte entier par de nouveaux incidens. Sur les observations scrupuleuses de quelques personnes délicates , il alloit en rayer impitoyablement toute la Scène seconde ; le parti en étoit pris , quand le hasard le conduisit dans un Cercle où il entendit le pour & le contre discuté par des dissertateurs , dont en effet les sentimens devoient être très-opposés. D'un côté un Abbé mignard & précieux , & une petite Maitresse trouvoient *pompe foulante* détestable & indécent. De l'autre , un de ces personnages du siécle passé qui ont conservé la bonne & franche gaîté , qu'ils sçavoient allier aux mœurs , trouvoit *pompe foulante* très-plaisant. Le bon-homme en rioit de si bon cœur , que l'Auteur s'imagina qu'il feroit tort à tous ceux du bon vieux tems en supprimant cet endroit. Quiconque écrit pour le Théâtre a bien du monde à satisfaire. Si le desir qu'il a de plaire se borne à cette classe qui ne rit que du bout des lèvres & à qui il faut des traits qui les chatouillent à peine ; tous les partisans de la bonne joie s'en retournent froids & mécontens. Moliere n'a réuni tous les suffrages que par le mélange heureux de ce qui pouvoit égayer tout le monde : aux endroits où les précieuses faisoient la grimace , il étoit consolé par le rire bruyant & à gorge déployée du modeste

& simple Citoyen, qui tout en éclatant avoit plus de morale dans sa conduite , dans son ame , que la grande Dame qui rougissoit sous son éventail. Quant à l'indignation du petit Abbé , l'Auteur a vu d'abord le cas qu'il devoit en faire. Enfin il s'est déterminé à laisser subsister cette Scène telle qu'elle est. Comme elle n'est point essentielle , ni intimement liée à l'action , il espere que les personnes scrupuleuses , telles que les Abbés & les Petites-Maitresses, voudront bien la passer, & permettre qu'elle reste à sa place pour les bonnes gens.

L'on trouvera quelques changemens dans le troisiéme Acte ; la Scène des harangues offrira que'ques traits nouveaux dignes des harangueurs , & analogues à leurs caracteres.

La persécution que cette Pièce a essuyée , l'autorise à donner une nouvelle force à la dernière Scène du quatriéme Acte : aussi n'y a-t-il point manqué.

Bien des Lecteurs ont paru desirer que la Scène de la succession, qui est la cinquiéme du dernier Acte , fût retouchée & étendue, il s'est rendu à leurs desirs. Il a aussi purgé le dénoûment de quelques insipides interpolations de l'Imprimeur, telles que celles-ci , placée précisément à l'endroit le plus caractéristique de l'ouvrage, *j'ai l'honneur d'être connu du grand homme & d'en être estimé.* Phrase stupide & bien digne de son Auteur! ou plutôt adulation fade

d'un

d'un mercénaire qui vife à la préférence gratuite de quelques radotages poëtiques du Vieillard de Ferney.

On prévient le Public que cette Edition eft la feule avouée par l'Auteur, & que des Libraires avides fe font dépêchés d'en faire d'autres contre lefquelles il faut fe tenir en garde. Il a fenti le regret le plus vif d'avoir occafionné une difgrace à un homme de Lettres au fujet d'un ouvrage préfenté à la Cenfure, au moment où l'Edition furtive de fa Comédie a paru. Cet écrit ne traite qu'une queftion Littéraire; les méprifes & la mauvaife-foi éternelle de M. de Voltaire y font démontrées avec autant de modération que de force, il a été arrêté par le crédit de fes adhérens; femblables à ce parti de l'oppofition, qui en Angleterre déchire les Miniftres en place jufqu'a ce qu'il leur ait fuccédé, les Philofophes n'ont donc tant élevée la voix contre les *inquifitions*, que pour pouvoir être perfécuteurs à leur tour? ainfi va le monde.

Pour juftifier l'Auteur de cette Pièce de la vivacité de l'attaque qu'il a faite à la Secte Philofophique, & démontrer l'injuftice des cris de ce *Tripot*, trop aifé à mettre en colere, on prend la précaution de clore cette Préface par la copie d'une Lettre de M. de Voltaire, au fujet d'un Ecrivain qui a pris la liberté de n'être point de fon fentiment. Eft-ce à des hommes qui fe permettent de pareils excès à récriminer contre la Critique que l'on fait de tous les petits efforts de leur vanité infolente pour avoir feuls de la vogue & de la renommée.

De Ferney, le 19 Juillet 1776.

Mon cher Ange, j'apprends que Madame de Saint Julien arrive dans mon Défert avec le Kain ; fi la chofe eft vraie, je fuis tout étonné & tout joyeux : mais il faut que je vous dife combien je fuis fâché pour l'honneur du Tripot *contre un nommé* le Tourneur, *qu'on dit Secrétaire de la Librairie, & qui ne me paroît pas le Secrétaire de fon bon goût. Auriez-vous lu deux volumes de ce miférable, dans lefquels il veut nous faire regarder Shakefpéar comme le feul modèle de la Tragédie, & l'appelle* le Dieu du Théâtre ; *il facrifie tous les François à fon idole, comme on facrifioit autrefois des cochons à Cérès. Il ne daigne pas même nommer Corneille & Racine, ces deux grands hommes font feulement enveloppés dans la profcription générale, fans que leurs noms foient prononcés. Il y a déjà deux tomes imprimés de Shakefpéar qu'on prendroit pour des Pièces de la Foire faites il y a 200 ans ; ce* maraut *a trouvé le fecret de faire engager le Roi, la Reine & toute la Famille Royale à foufcrire à fon ouvrage. Avez-vous lu fon abominable grimoire, dont il y aura encore cinq volumes ? Avez-vous une haine affez vigoureufe contre cet impudent imbécile ? Soufcrirez-vous à l'affront qu'il fait à la France ? Vous & M. de Thibouville vous êtes trop doux. Il n'y a pas en France affez de camouf-*

flets, affez de bonnets d'âne, affez de piloris pour un pareil faquin : *le fang pétille dans mes vieilles veines en parlant de lui ; s'il ne vous a pas mis en colere, je vous tiens pour un homme impaffible. Ce qu'il y a d'affreux, c'est que* ce monftre *a un parti en France, & pour comble de cala-mité & d'horreur, c'est moi qui autrefois parlai le premier de ce* Shakefpéar ; *c'est moi qui découvris le premier aux* François *quelques perles que j'avois trouvé dans fon énorme fumier ; je ne m'attendois pas que je fervirois un jour à fouler aux pieds les couronnes de* Racine & *de* Corneille *pour en orner le front d'un hiftrion barbare. Tâchez, je vous prie, d'être auffi en colere que moi, fans quoi je me fens capable de faire un mauvais coup.*

Je reviens à le Kain ; *on dit qu'il jouera fix Piéces pour les* Génevois *ou pour moi ; j'aimerois mieux qu'il eut joué* Olympie *à* Paris, *mais il n'aime point à figurer dans un Acte où il n'écrafe pas tous les autres.*

Je ne fçais fi M. de Richelieu *fait paroître le Précis de fon Procès, qui fera fon dernier mot, il m'avoit promis de me l'envoyer ; je ne lui ai point affez dit combien il eft important pour lui de ne point ennuyer le Public, il avoit choifi un Avocat qu'il croyoit fort grave, & qui n'étoit que pèfant : il y a beaucoup de ces Meffieurs qui font de grands Factum : mais il ny en a point qui fçache écrire.*

Quant à mon ami le Cocher Gilbert, *qu'il aille au carcan à bride abattue.*

Si vous voulez, mon cher Ange, me guérir de ma mau-vaife humeur, daignez m'écrire un petit mot.

M. F. A. DE VOLTAIRE.

ACTEURS.

Madame DE FOLINCOURT.

ANGÉLIQUE. } *Niéces de Mme de Folincourt.*
HENRIETTE. }

D'OLMONT, *pere.*

D'OLMONT, *fils, Amant d'Henriette.*

M. COCUS, *Antiquaire.*

M. CUCURBITIN, *Chymiste.*

M. CURVILIGNE, *Géométre.*

Le Marquis D'ORSIMONT, *bel-esprit.*

M. CALCAS, *bel-esprit, partisan d'Homère.*

M. VERSION, *Auteur.*

M. FARIBOLE, *Auteur.*

M. DULUTH, *Journaliste & Poëte.*

Un NOTAIRE.

LISETTE, *Suivante.*

GROUPE DE SÇAVANS ET DE
BEAUX ESPRITS.

Des LAQUAIS.

La Scène est à Paris chez Madame de Folincourt.

ACTE PREMIER.

SCENE PREMIERE.

D'OLMONT, pere, D'OLMONT, fils, LISETTE.

LISETTE.

EH! mon Dieu, Messieurs, que venez-vous faire ici?

D'OLMONT, pere.

Ce que j'y viens faire ? D'accord avec mon ami Lisimon, j'ai amené mon fils pour épouser sa fille.

LISETTE.

Ah ! Monsieur, on n'épouse point ici.

D'OLMONT, pere.

Eh! qu'y fait-on ?

LISETTE.

On y disserte, Monsieur.

D'OLMONT, pere.

Oh! si l'on n'y faisoit que cela, tu n'y serois bonne à rien.

D'OLMONT, fils.

Mon pere a raison, Lisette a des yeux qui annoncent une occupation moins stérile.

B iij

LISETTE.

Vous êtes galant, M. d'Olmont, mais je vous avertis que cela ne fera pas fortune dans cette maison.

D'OLMONT, fils.

Eh! que faudroit-il donc être?

LISETTE.

Ce qu'il faudroit être? Mais, dites-moi, s'il vous plaît, de quel coin du monde arrivez-vous donc? Et notre réputation.....

D'OLMONT, fils.

Elle n'est pas, je te jure, parvenue jusqu'à moi, & j'arrive de Dijon.

LISETTE.

De Dijon? Vous n'avez pas entendu parler de nous ? C'est donc *ultra sauromatas*.

D'OLMONT, fils.

Comment! vraiment Lisette parle Latin !

LISETTE, *faisant une révérence.*

Comme ma Maitresse, Monsieur, mais je ne l'entends pas.

D'OLMONT, fils, *riant.*

Ah, ah, ah, ah.

LISETTE.

Vous riez, Monsieur? Allez, allez, vous pouvez retourner à Dijon.

D'OLMONT, pere.

Après la nôce, s'entend.

D'OLMONT, fils.

Et avec l'aimable Angélique.

LISETTE.

L'aimable Angélique ! cela vous plaît à dire. Non, Monsieur, non, l'aimable Angélique n'ira point à Dijon.

(23)

D'OLMONT, pere.

Et où diable veux-tu donc qu'elle aille ?

LISETTE.

A Varsovie, Monsieur, à Varsovie ?

D'OLMONT, fils.

Comment ! à Varsovie ?

LISETTE.

Oui, Monsieur, à Varsovie, avec Madame de Folincourt, sa très-honorée & très-illustre tante, d'où, après avoir pacifiée la Pologne, nous comptons aller achever de débarbouiller les Russes.

(*D'Olmont pere & d'Olmont fils rient.*)

D'OLMONT, pere.

Tu extravagues, mon enfant.

LISETTE.

J'extravague ? j'extravague ? Sçavez-vous bien que les Têtes couronnées nous écrivent, que les Républiques nous consultent, que. . . . .

D'OLMONT, fils.

Ah ça, Lisette, explique-toi sérieusement.

LISETTE.

Oh, très-sérieusement ; tournez-moi le dos que j vous regarde.

D'OLMONT, fils.

Comment le dos ?

LISETTE.

Oui, Monsieur, le dos, c'est par-là que ma Maitresse juge son monde, & en voyant comment un homme a les épaules placées, elle décide d'abord si c'est un sot ou un homme d'esprit.

D'OLMONT, pere.

C'est un rare talent.

LISETTE.

J'avoue que je fuis moins avancée qu'elle dans la *phifiologie*, ainfi permettez tout bonnement que je vous interroge.

D'OLMONT, fils.

Volontiers.

LISETTE.

Etes-vous Savant ?

D'OLMONT, fils.

Pas autrement.

LISETTE.

Bel-efprit ?

D'OLMONT, fils.

Dieu m'en préferve.

LISETTE.

Auteur imprimé, ou écrit à la main?

D'OLMONT, fils.

Ni l'un, ni l'autre.

LISETTE.

Oh, Monfieur, retournez à Dijon.

D'OLMONT, fils.

Comment donc ?

LISETTE, *à d'Olmont pere.*

Oui, Monfieur, à Dijon. A vous la balle, Monfieur.

D'OLMONT, pere.

A moi ?

LISETTE.

Etes-vous Mathématicien ?

D'OLMONT, pere.

Non.

LISETTE.

Phyficien ?

D'OLMONT, pere.

Point.

LISETTE.

Géomètre ?

D'OLMONT, pere.

Je fais précifément autant d'arpentage qu'il en faut à un Seigneur de Paroiffe.

LISETTE.

Œconomifte ?

D'OLMONT, pere.

Tu veux dire Œconome ?

LISETTE.

Le barbare ! (*Très - vîte.*) Artifte , Naturalifte , Chymifte , Botanifte , Machinifte , Minéralogifte , Sophifte ?....

D'OLMONT, pere.

Bon Dieu ! quel caquet ? non , non , non , non.

LISETTE, *très-vîte.*

Molinifte , Janfénifte , Anabatifte ?

D'OLMONT, pere, *avec impatience.*

Eh non ! mille fois non , te dis-je.

LISETTE.

Eh bien, Monfieur, repartez auffi pour Dijon.

D'OLMONT, pere.

Que veulent donc dire toutes tes plaifanteries ridicules ?

LISETTE.

Ridicules ? Monfieur, parlez avec moins d'irrévérence & de liberté , dans le Temple des Mufes & de la Philofophie.

D'OLMONT, fils.

Comment ! mais voilà des Hôtes bien fublimes ! Y viennent-ils fouvent ?

LISETTE.

Deux fois la semaine ; le lundi est pour les Savans, & le mercredi pour les beaux Arts. Vous arrivez bien mal-à-propos ; ces Messieurs se réunissent aujourd'hui pour faire leurs adieux à Madame , qui part pour la Pologne.

D'OLMONT, pere.

Oh bien , j'espère que nous ne serons point de trop ; l'affaire qui nous amène en vaut bien la peine ; elle peut se conclure dans la journée ; une fois terminée , la bonne Dame de Folincourt peut partir pour la Chine , si elle veut , avec la Philosophie & le Parnasse tout entier : nous ne lui demandons qu'Angélique.

LISETTE.

Angélique ? Elle est du voyage , Monsieur.

D'OLMONT, pere.

Comment ! du Voyage ? Mais il n'entre pas le sens commun.....

LISETTE.

Oh ! miséricorde ! il n'a jamais mis les pieds ici.

D'OLMONT, fils.

Oh ça ! trève de raillerie, ma chere Lisette. Madame de Folincourt tient donc Académie ?

LISETTE.

Et table aussi, Monsieur.

D'OLMONT, fils.

Je m'en doute bien.

LISETTE.

Oh ! ces gens-là parlent comme des perroquets, & mangent comme des autruches.

D'OLMONT, fils.

Mais Angélique auroit-elle donné dans tout ce fatras ?

LISETTE.

Oui, Monfieur, Mademoifelle Angélique eft auffi
fublime que Madame fa tante ; elle fera la protectrice
du fiècle à venir.

D'OLMONT, fils.

A ce compte-là, mon pere, je pourrai fort bien
en effet repartir tout feul pour Dijon.

D'OLMONT, pere.

Tu fais, mon fils, que mon ami Lifimon t'a laiffé
le choix de fes deux filles : fi Angélique eft trop fçavante pour toi, Henriette.....

LISETTE.

Ah ! Monfieur, que dites-vous là ? La pauvre enfant n'eft fortie du couvent que depuis huit jours.
Madame, qui ne lui trouve pas la moindre difpofi-
tion aux fciences, parle déjà de l'y faire retourner,
& comme elle deftine fes grands biens à celle qui lui
reffemblera, je crains qu'elle ne déshérite Henriette.

D'OLMONT, pere, *avec affliction.*

Comment ! mais ceci deviendroit différent . . . . .
Mais tu rêves, mon fils ?

D'OLMONT, fils.

Oui, mon pere, je pénètre tous les obftacles que
nous trouverons ici ; & s'il faut que je vous l'avoue,
Henriette avoit déjà fixé mon choix : fi vous vouliez
me permettre de conduire cette affaire avec Lifette,
il me femble que j'ai la clef du cœur de Madame de
Folincourt.

D'OLMONT, pere.

Mais que ferois-tu ?

D'OLMONT, fils.

Si Lifette veut accepter ce gage de ma reconnoif-
fance, & tout concerter avec moi, nous n'aurons

pas perdu notre voyage ; je devine la tante , & je parviendrai à la niéce.

LISETTE.

Oh! Monfieur, s'il s'agit de faire piéce à ma maitreffe pour fon bien & pour le vôtre, je fuis tout à vous ; c'eft une fi bonne Dame , que le cœur me faigne fouvent de toutes les illufions que lui fait *cette docte cohue* , & des bienfaits qu'elle prodigue fi aveuglement: mais je l'entends.

D'OLMONT, fils.

Retirons-nous, mon pere ; il n'eft point à propos qu'elle nous voie, ni que vous lui remettiez encore la lettre de Lifimon : toi , Lifette , tu reviendras nous joindre.

LISETTE.

Oui, oui : mais retirez-vous vîte ; c'eft aujourd'hui un jour fcientifique ; le mal feroit double, fi Madame vous voyoit au fortir de fon cabinet : elle eft un peu ours dans ces momens-là.

SCENE II.

Madame DE FOLINCOURT, LISETTE.

Madame DE FOLINCOURT, *lifant & s'arrêtant avec diftraction.*

AH! c'eft vous Lifette !

LISETTE, *d'une voix baffe.*

Oui, Madame.

Madame DE FOLINCOURT, *méditant.*

Ces anciens avoient bien de la fupériorité fur les
fiécles qui ont fuivis. En vérité, quand on a lu Pline
& Columelle, on voit bien que le Cuifinier François
n'eft qu'un barbare. Oh! pour le coup, mes amis, je
vous réferve pour vos adieux un repas digne d'Ap-
pius.... Lifette ?

LISETTE.

Madame.

Madame DE FOLINCOURT.

Monfieur Cucurbitin n'eft-il point arrivé ?

LISETTE.

Non, Madame.

Madame DE FOLINCOURT.

Il aura fans doute laiffé fes ordres à l'office & à la
cuifine.

LISETTE.

Ce gros Monfieur, qui parle toujours grec, & qui
a fi bon appétit, a laiffé hier a votre Maître-d'Hôtel
un long bordereau qui l'a bien fait rire.

Madame DE FOLINCOURT, *lifant toujours.*

L'ignorant !

LISETTE.

Il a d'abord demandé s'il falloit envoyer cela chez
votre Apothicaire.

Madame DE FOLINCOURT, *lifant.*

L'empoifonneur ! malheureufe ! que n'as-tu lu le
repas de Trimalcion.

LISETTE.

Votre Maître-d'Hôtel, cependant, Madame, a
bien du talent ; il a fervi deux Prélats, trois Finan-
ciers, la Maîtreffe d'un gros Bénéficier.... & je doute
que ce Monfieur Trimalcion.....

Madame DE FOLINCOURT.

Ce Monsieur Trimalcion, imbécile, étoit l'Empereur Néron. L'ingénieux Petrone rapporte....

LISETTE.

Oh ! Madame, je vous demande pardon ; je n'avois
pas l'honneur de les connoître.

Madame DE FOLINCOURT.

Les Romains n'avoient jamais pouffé le luxe de la
table auffi loin.

LISETTE.

Oh ça ! mais en confcience, Madame, on ne peut
pas difputer des goûts ; tout cela peut être fort bon
pour des Romains : mais il y a de quoi empoifonner
des Parifiens.

Madame DE FOLINCOURT, *avec pédanterie.*

Oui, certains Parifiens ; mais toute perfonne un
peu inftruite de l'antiquité, & revenue des erreurs
vulgaires, par la connoiffance d'une Phyfique faine,
extraira plus de poifon d'un petit fouper, que des
immenfes repas de Rome.

LISETTE.

Je fuis accoutumée, Madame, à admirer toutes
les belles chofes que je vous entends dire : mais pour
cette cuifine-là....

Madame DE FOLINCOURT.

Patience, Lifette, tu t'y feras. Pour aujourd'hui,
je ne te demande que d'avoir l'œil à ce que les ordres
de M. Cucurbitin, & du Docte M. Cocus, foient
exactement fuivis. A-t-on rapporté les fièges antiques ?

LISETTE.

De grand matin, Madame, votre tapiffier eft venu
ajufter dans la falle à manger vingt matelas, & le
double de couffins fur des trétaux.

Madame DE FOLINCOURT.

Bon, & le luftre ?

LISETTE.

On l'a décroché ; à fa place on a fufpendu une groffe lampe de cuivre rouillé.

Madame DE FOLINCOURT.

A merveille ; cette lampe, Lifette, eft celle de l'Empereur Augufte.

LISETTE.

Ma foi, je l'avois foupçonnée, Madame, d'avoir fervi de lampion à la porte des Danfeurs de corde.

Madame DE FOLINCOURT.

Tu es bien à plaindre d'ignorer ainfi le prix des chofes.

LISETTE.

Hélas ! Madame, je le fens ; mais voici M. Cucurbitin qui vous rendra compte lui-même de tout ce que vous me demandez.

SCENE III.

Les mêmes, M. CUCURBITIN.

M. CUCURBITIN, péfamment.

EN vérité, Madame, fi l'éclat de ce jour n'étoit un peu obfcurci par le nuage qu'y répand la crainte de vous perdre, il feroit d'autant plus beau, qu'il va faire renaître fous vos yeux, & fous ceux de votre fçavante fociété, tout le luxe des anciens, rectifié par le mélange du goût moderne.

Madame DE FOLINCOURT.

C'eſt au ſçavant M. Cocus, & à votre ſagacité, Monſieur, que je dois le plaiſir de la ſurpriſe que je ménage à tous nos illuſtres.

M. CUCURBITIN.

Que nos Sybarites, Madame, vantent la mince délicateſſe & les raffinemens de leurs tables, je vous réponds qu'il faut fouiller dans les uſages antiques pour trouver l'excellent.

Madame DE FOLINCOURT.

Cependant, Monſieur Cucurbitin, ce ſiécle a bien des lumières.

M. CUCURBITIN.

Oh! Madame, vous en êtes le flambeau.

Madame DE FOLINCOURT.

A la vérité, je puis me flatter d'y avoir un peu contribué. Je remercie ſouvent la fortune de m'avoir miſe à portée d'accueillir la Philoſophie perſécutée, & de lui offrir un aſyle.

LISETTE, à part.

Oh! vous n'avez qu'à la régaler deux ou trois fois comme cela, & je vous réponds qu'elle prendra congé.

Madame DE FOLINCOURT.

Que dites-vous là, Liſette ?

LISETTE.

Je dis, Madame, que la chère de Trimalcion ſuf- firoit à tous les Philoſophes préſens, paſſés & à vé- nir, pourvu que la Philoſophie ne ſe connoiſſe point en ſauce.

M. CUCURBITIN.

En ſauce? La morale eſt la ſauce de l'âme ; mais il n'appartient pas moins à la Philoſophie de réglee

cellr

celle du corps ; l'analogie est si grande entre toutes les parties de nos êtres, & l'intimité si immédiate, que l'on pourroit vérifier par la Chymie, que l'esprit d'un homme se ressent des alimens : ceux-ci, par leur flogistique....

Madame DE FOLINCOURT.

Oh, oui, Monsieur, le flogistique..... C'est merveilleusement bien pensé.... Entends-tu, Lisette, le flogistique ?

LISETTE.

Le flogistique....! non, Madame, en vérité, je n'entends point cela.

Madame DE FOLINCOURT.

Le flogistique, c'est.... c'est.... Dites donc, Monsieur, ce que c'est.

M. CUCURBITIN.

Dans les règnes de la nature ; savoir, le végétal, le minéral, l'animal....

LISETTE, *en riant.*

L'animal !

M. CUCURBITIN.

Eh oui, l'animal. Le flogistique même y abonde ; c'est une qualité productive, expansive, entendez-vous bien ? (*Regardant Lisette avec finesse.*)

Madame DE FOLINCOURT.

Oh ! à merveille, Monsieur !

LISETTE.

C'est donc là le flogistique ?

M. CUCURBITIN.

Eh oui, voilà le flogistique.

LISETTE, *avec une révérence.*

Monsieur, j'en suis ravie.

Madame DE FOLINCOURT.

Le tems se passe, Monsieur Cucurbitin.

M. CUCURBITIN.

Je suis étonné, Madame, que le docte Monsieur Cocus ne soit point encore arrivé, pour vous présenter l'état de la fête qu'il a préparée par vos ordres ; oh ! ce sera quelque chose d'admirable.

Madame DE FOLINCOURT.

Je m'y attends.

M. CUCURBITIN.

J'ai tout analysé sur le papier, & je ne doute pas que cette étonnante épreuve ne cause une révolution dans le physique de nos mœurs.

LISETTE, *à part.*

Ou du moins dans vos estomachs.

M. CUCURBITIN.

Cela fera du bruit, Madame, cela fera du bruit : tous nos Journaux en parleront ; & jusqu'au pôle glacial, nos correspondans réformeront la cuisine.

LISETTE.

Ah ! voici l'ordonnateur : saisissons le moment pour joindre M. d'Olmont.   (*Elle sort.*)

SCENE IV.

Les mêmes, M. COCUS.

Madame DE FOLINCOURT.

ARRIVEZ donc, Monsieur Cocus, & satisfaite mon impatience.

M. COCUS.

J'ai découvert, Madame, un ancien manuscrit

précieux & que je ferois bien fâché de n'avoir pas parcouru avant d'étaler l'antiquité fur votre table.

Madame DE FOLINCOURT.

Oh, Monfieur! l'heureufe découverte!

M. COCUS.

Il eft du tems des Grecs; j'ai de fortes raifons de le foupçonner d'un certain Clariclas, autrefois Maître-d'Hôtel d'Alcibiade. Monfieur Cucurbitin, cela va faire tort à votre Chymie moderne; on y voit qu'on fe fervoit déjà du ferpentin, & je crois, d'après cette autorité, que c'étoit un uftenfile de cuifine : en vérité, Madame, l'antiquité eft bien étonnante.

M. CUCURBITIN.

Je l'ai toujours penfé comme vous, Monfieur; & après un fommeil de plus de vingt fiécles, la fcience ne fait que renaître fous nos mains.

M. COCUS.

Grâce à la moderne Uranie.

Madame DE FOLINCOURT.

Oh! Monfieur Cocus! je ne m'attendois pas que la découverte du ferpentin m'attireroit un compliment.

M. COCUS.

Un compliment! Madame, dites donc un hommage.

Madame DE FOLINCOURT.

Venons au fait.

M. COCUS.

Volontiers; j'avois feuilleté Varron, Columelle, Pline, Pétronne, pour compofer quelque chofe digne de vous; mais depuis la découverte de Clariclas, j'ai bien changé d'avis; emprunter la carte d'un feftin chez les Latins, pendant qu'on peut la tenir des Grecs!

C ij

Madame DE FOLINCOURT.

Vous avez bien raison, Monsieur Cocus, un repas grec....

M. COCUS.

Permettez que je vous observe, Madame, que repas n'est pas le terme ; j'ai dit festin, banquet auroit mieux valu ; agape a bien son mérite aussi : mais il est furieusement Théologique.

Madame DE FOLINCOURT.

Oh ! oui, Monsieur, banquet est le mot.

M. COCUS.

Madame se décide donc pour banquet.... ? Quelle sagacité !

M. CUCURBITIN.

Merveilleuse ! N'a-t-on pas toujours dit le banquet de Platon ?

M. COCUS.

Eh oui, précisément, le banquet de Platon.

M. CUCURBITIN.

Et en Grec, Monsieur ?

M. COCUS.

En grec, nous disons.... Ne demandez-vous pas en Grec.... ? Banquet en Grec ?

M. CUCURBITIN.

Oui, Monsieur, en Grec.

M. COCUS.

Mais en Grec, c'est..... c'est..... ; je vous dirai ça ce soir. Revenons au banquet de Platon ; il ne vaut pas le vôtre, Madame ; il ne se trouvoit là que les sept Sages de la Grece, & vous aurez tous ceux de Paris.

Madame DE FOLINCOURT.

En vérité, Monsieur, vous êtes un homme essentiel.

M. COCUS.

J'ai pensé, Madame, que les Philosophes devoient imiter les Philosophes ; chacun de nous tiendra la place d'un des convives d'Alcibiade, & comme la divine Aspasie, vous présiderez à la fête.

Madame DE FOLINCOURT.

Messieurs, je vous en abandonne absolument le soin, & je vous prie de commander.

(Cocus & Cucurbitin sortent en faisant une grande révérence.)

SCENE V.

Madame DE FOLINCOURT, *seule.*

EN vérité, ces deux hommes sont des puits de savoir ; j'ai assez bien repassée avec eux ma leçon d'antiquité ; il faut me préparer à soutenir l'assaut des beaux esprits, l'exactitude des Géomètres, & l'abstraction des Métaphysiciens..... Lisette..... Lisette..... Elle ne répond pas... Je ne sais où cette imbécile a mis la clef de mon bureau; mon répertoire y est enfermé; je ne puis rien faire sans cela... Lisette.... Lisette.... Elle me fera perdre tout mon tems. On a bien raison de dire, que le jugement & l'heureuse mémoire, se rencontrent difficilement : pour du discernement, j'en ai; j'en ai.... prodigieusement, & je sens, malgré cela, que si je n'avois recours au répertoire, je resterois souvent muette : si la cabale savoit cela, elle ne manqueroit pas d'en rire, comme s'il n'étoit pas permis de soulager sa mémoire; comme si l'on manquoit d'esprit, parce qu'on l'a par écrit dans son cabinet. Lisette, Lisette.

SCENE VI.

La même, LISETTE.

LISETTE, *avant d'entrer.*

JE viens, Madame.

Madame DE FOLINCOURT.
Elle répondra enfin.

LISETTE.
Me voici.

Madame DE FOLINCOURT, *avec humeur.*
La clef du bureau ?

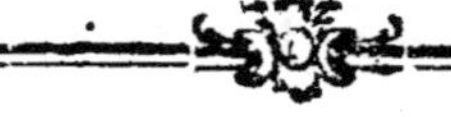

SCENE VII.

LISETTE, *seule.*

OH ! nous allons faire notre provision d'esprit pour la journée. Je m'admire de servir cette originale-là, après avoir maniés toute ma vie du rouge, des mouches, des boucles naturelles & autres, des rubans & des pompons, ne plus toucher qu'à des bouquins, de la féraille, des inſtrumens de cuivre, pour étudier la lune; c'eſt pour nous payer de retour ſans doute, qu'elle donne à nos cervelles ſi bonne part à ſes influences. La drole de vocation, pour une fille ! En vérité, c'eſt bien ſortir de ſon élément. Baſte ! c'eſt pour le ſalut de la pauvre Henriette, & pour ſervir l'amour généreux & libéral de M. d'Olmont. Ce ſera à moi à me dédommager comme je le pourrai, en faiſant leur bien & mon profit.

SCENE VIII.

Madame DE FOLINCOURT.

Madame DE FOLINCOURT, *feuilletant son memorandum qui doit être très-gros.*

BONS mots pour la Cour de Varfovie.... Ce n'eft point cela.... Élémens politiques applicables à toutes fortes de fujets & d'occafions.... Je n'aurai pas befoin de ce chapitre aujourd'hui .... Ripoftes adroites & fpirituelles à toutes fortes de louanges. Oh! lifons cet article; enfonçons-nous y tout-à-fait. J'en aurai befoin, fur-tout au deffert.

(Elle s'affeoit, & lit attentivement.)

LISETTE.

Pour de fades éloges, vous en aurez tout votre faoul, ma chere Maitreffe, & vous en paierez la façon.

Madame DE FOLINCOURT, *lifant.*

« Un jour que Madame de la Sabliere donnoit à » diner à plufieurs beaux-efprits du tems, Boileau, » qui étoit grand admirateur des Grecs »... Oh! cette anecdote eft admirable pour la circonftance, & je compte en tirer parti.... Je fuis perfuadée que cette cette femme avoit bien médité ce bon mot: retenons-le.

LISETTE, *à part.*

Entamons notre affaire. (*Haut.*) Madame, il s'eft préfenté à votre porte, aujourd'hui, un homme fort extraordinaire.

C iv

Madame DE FOLINCOURT, *lifant toujours,*
& comme par diftraction.

Fort extraordinaire ?

LISETTE.

Oui, Madame, il fe dit Philofophe : il vient de fort
loin.

Madame DE FOLINCOURT, *lifant toujours.*

De fort loin ?

LISETTE.

Oui, Madame, il a dit que le bruit de votre renommée....

Madame DE FOLINCOURT, *fe levant*
avec empreffement.

De ma renommée !..... Où eft-il, Lifette, où
eft-il ?

LISETTE.

On l'a renvoyé, Madame.

Madame DE FOLINCOURT.

Comment donc ! renvoyer un Philofophe qui vient
de très-loin au bruit de ma renommée ! Mais je fuis
très-piquée de cela ! Il faut qu'on le cherche, &
qu'on le trouve.

LISETTE.

Madame il a laiffé, je ne fais quel griffonnage,
chez votre Suiffe, où il a dit, que le célèbre Monfieur
Cocus le reconnoîtroit fur cet écrit-là.

Madame DE FOLINCOURT.

Eh ! vîte donc, Lifette ; qu'on cherche cet écrit,
& Monfieur Cocus auffi. Mais voyez donc les imper-
tinens ! Un Sçavant qui vient de fort loin pour me
voir ! qui connoît Monfieur Cocus ! Ma porte a-t-elle
été jamais été fermée pour gens qui s'annoncent
ainfi ?

LISETTE.

Madame.

Madame DE FOLINCOURT.

Taifez-vous, imbécile ; que diroient Paris, les Nations étrangeres , l'Univers , fi l'on venoit à fçavoir cela ? En vérité, c'eft un fot animal qu'un Suiffe. (*A Lifette.*) Eh bien que faites – vous – là ? Allez donc, courrez , mettez tous mes gens en campagne.

LISETTE.

J'y vole , Madame. . . . . (*A part.*) Notre Amant ne peut fe préfenter fous de meilleures aufpices.
(Elle fort en riant de côté.)

SCENE IX.

Madame DE FOLINCOURT, *feule.*

CES gens – là me mettent toute hors de moi, fi c'étoit quelque oifif on me l'ameneroit en triomphe. Je fuis fûre que c'eft quelqu'illuftre. Que fçait-on ? Une Académie qui députe vers la mienne. . . . . Remettons-nous , travaillons un peu. . . . . (*Elle reprend le répertoire , & lit.*) Oh ! cette replique eft excellente & aifée à enchaffer. . . . . Mais encore quelqu'un ! . . . . . Faut-il donc qu'on m'interrompe ici fans pitié ? En bonne-foi , les perfonnes d'une certaine façon ont bien de la peine à fe mettre quelque chofe dans la tête.

SCENE X.

La même, ANGÉLIQUE, HENRIETTE.

ANGÉLIQUE.

POUVONS-NOUS entrer, Madame?

Madame DE FOLINCOURT.

Venez, venez, mes nièces, vous n'êtes jamais de trop auprès de moi. Vous sur-tout, Angélique, que je diftingue comme une protectrice des sciences & des talens.

ANGÉLIQUE.

J'ai un fi bel exemple fous les yeux, Madame, que je ferois bien coupable de n'en pas profiter : mais ce titre glorieux n'appartient qu'à vous feule.

Madame DE FOLINCOURT.

Vous le mériterez un jour.... Et vous, Henriette, à quoi vous êtes-vous occupée aujourd'hui?

HENRIETTE.

Mes occupations, ma chere tante, font fi communes qu'elles ne méritent pas de vous intéreffer.

Madame DE FOLINCOURT.

Votre fœur pourroit vous aider à fortir un peu de cet ordre commun des chofes, & vous infpirer le goût de celles qui font plus relevées, mais vous êtes entêtée, & faites femblant d'être modefte.

HENRIETTE.

Ne croyez-vous pas, ma chère tante, que fi je me fens un peu de penchant à l'opiniâtreté & à l'orgueil,

(43)

rien n'eſt mieux fait à moi que de m'interdire la ſcience, car on dit qu'elle nourrit l'un & l'autre.

Madame .DE FOLINCOURT, *d'un ton ſevere.*

Oui , la fauſſe ſcience, Mademoiſelle !

HENRIETTE , *tres-modeſtement.*

L'autre eſt ſi rare, Madame ?

ANGÉLIQUE.

Au moins avez-vous le bonheur, ma ſœur, de la rencontrer ici , & ſi vous n'y prenez pas goût, c'eſt bien votre faute.

HENRIETTE.

Il faudroit avoir vos yeux, ma ſœur, pour auſſi-bien diſcerner.

Madame DE FOLINCOURT.

Terminons cet entretien ; au défaut des talens, ma nièce , il faut ſçavoir les accueillir dans les au-tres ! & la bienfaiſance doit ſuppléer au ſçavoir.

HENRIETTE.

Madame, je ne forme pas de vœux plus ardens que d'avoir toujours une ame ſenſible & bienfai-ſante, mais je prie le Ciel , ſur-tout, de m'apprendre à placer mes bienfaits, ſi jamais il m'accordoit le pouvoir d'en répandre.

Madame DE FOLINCOURT.

Il faut aider un peu à cette diſpoſition; & com-ment y parvenir ſans une étude qui vous mette à ortée de diſtinguer.....

HENRIETTE.

Diſtinguer! Oh! Madame , on n'a beſoin que d'un bon cœur pour diſtinguer les malheureux.

Madame DE FOLINCOURT.

Fort bien ; j'approuve la maxime, mais.....

SCENE XI.

Les mêmes, un LAQUAIS.

LE LAQUAIS.

Madame, M. Famicourt vient d'envoyer certain ballot.

Madame DE FOLINCOURT.

Je fçais ce que c'eſt.

LE LAQUAIS.

Voici de plus, le mémoire de M. Pillardin, le Tailleur de ces Meſſieurs.

Madame DE FOLINCOURT.

C'eſt bon, laiſſez-nous; j'en étois, ma niéce, ſur le chapitre de la bienfaiſance, & voici des occaſions de l'exercer. Une ame généreuſe doit ſur-tout voiler le bien qu'elle fait à qui le reçoit; écoutez-moi, Angélique.

ANGÉLIQUE.

Je ſuis attentive, Madame, à la moindre parole que vous proférez. Vous ne m'en avez jamais dites qui n'ayent éclairé mon eſprit & élevée mon ame.

Madame DE FOLINCOURT.

Ecoutez-moi donc bien; Famicourt eſt un jeune Auteur que nos illuſtres m'ont recommandé, en dépit du paſſe-port de la main du grand-homme que nous admirons tous, qu'il vient de faire mettre à la tête de ſon ouvrage; tous les exemplaires étoient encore chez le Libraire. Si Famicourt n'écrivoit que pour la renommée, il pourroit attendre patiemment:

Conduit par cet homme immortel lui-même, le chemin s'ouvriroit devant lui : mais cette cruelle indigence, qui étouffe souvent les talens, pourfuit Famicourt. Je le protége ; il fera de mon Académie ; fa réputation eft donc affurée : mais il s'agit de vendre fon ouvrage ; cela n'eft pas fi facile. La cabale.....; cette cabale infernale, qui fe trouve toujours dans mon chemin, a bouchées les oreilles, & fermés les yeux au public.

ANGÉLIQUE.

Vous avez tant de moyens pour la déconcerter, Madame, nos fçavans Journaliftes, nos plumes illuf-tres....

Madame DE FOLINCOURT.

Ces gens-là écrivent, mon enfant ; mais ils n'aché-tent point. C'eft à vous à qui je confie le débit de ces brochures ; le fujet eft admirable ; chacun des ama-teurs, que j'admets, en recevra un exemplaire de votre main, pour un louis, que vous demanderez de ce ton leger, d'une jolie perfonne qui accorde fa bienveillance au talent naiffant. Vous avez de l'efprit, Angélique ; il n'eft pas néceffaire de vous faire votre leçon.

ANGÉLIQUE.

Ne vous ai-je pas vue cent fois, Madame, ren-dre ainfi la vogue à des chefs-d'œuvres négligés, parce que l'envie s'attache à ceux à qui vous accordez vos bontés.

Madame DE FOLINCOURT.

Vous avez raifon, ma nièce ; mais imitez-moi jufqu'au bout ; laiffez-la frémir, & protégez tou-jours...... Vous, Henriette, prenez ce mémoire ; lifez m'en les articles.

HENRIETTE, *lit.*

» Mémoire des ouvrages faits par ordre de Madame
» de Folincourt, par Jean-Jérémie Pillardin, Maître
» Tailleur, & dont reçu des personnes à chaque
» article.

» 1º. Un juste-au-corps de drap noir, avec veste du
» même, livré par ordre de Madame à Monsieur des
» Mazures, logé à un sixième, Cloître Saint Benoît,
» attendu qu'il n'étoit que de hazard. . . 100 liv.

Madame DE FOLINCOURT.

Ce pauvre homme, plus sçavant que Pic de Mi-
randole, étoit nud comme la main ; cela faisoit
pitié.

HENRIETTE, *lit.*

» 2º. Fourni un habit complet de droguet de soie
» gris à Monsieur Duluthe, rue Montmartre, pour
» le jour de sa réception à l'Académie de Madame,
» dont il m'avoit hypothéqué le paiement sur la
» rétribution qui lui reviendroit d'un ouvrage alors
» sous presse ; & attendu que depuis cinq ans l'édition
» est restée chez le Libraire, je le porte au compte
» de Madame, suivant ordre, ci. . . . . 180 liv.

Madame DE FOLINCOURT.

Monsieur Pillardin pourroit se dispenser de mo-
tiver ses articles ; continuez, Mademoiselle.

HENRIETTE.

3º. . . . Ah ! (*Elle se met à rire.*)

Madame DE FOLINCOURT.

Eh bien ! qu'avez-vous donc ? Poursuivez.

HENRIETTE.

3º. . . . Pour. . . . (*Elle rit à éclater.*)

Madame DE FOLINCOURT.

Mais, Mademoiselle, en vérité, ce rire Sardonien annonce que vous avez l'esprit dérangé.

HENRIETTE.

Je vous demande pardon . Madame, mais.... (*Elle rit encore.*)

Madame DE FOLINCOURT.

Eh bien , quand cela finira-t-il ?

HENRIETTE, *lit en se contraignant.*

3°. Pour les cinquante..... (*Elle éclate encore.*)

Madame DE FOLINCOURT.

Eh bien , cinquante..... Que trouvez-vous là de si plaisant ? Poursuivez.

HENRIETTE , *se contraignant toujours.*

« Cinquante paires de culottes de velours pour étrennes à tou s ces Messieurs. (*Elle rit.*)

Madame DE FOLINCOURT.

En vérité , Mademoiselle, vous me faites pitié ; vous sentez furieusement votre Couvent , aussi n'êtes-vous bonne que pour y retourner : Angélique , prenez ce mémoire..... (*Regardant Henriette avec humeur.*) Qui fait rire Mademoiselle ? Ordonnez qu'on en paye le montant. — Vous, Mademoiselle , vous passerez , s'il vous plaît , la journée dans votre appartement.

(Henriette lui fait une profonde révérence & se retire en riant sous cape ; en sortant elle rencontre M. Cocus , qui la salue , & à qui , voyant une culotte de velours noir , elle éclate au nez ; celui-ci , regardant stupidement à sa culotte , y porte la main & la basque de son habit comme pour l'essuyer ; Angélique sort d'un autre côté , & paroît hausser les épaules de pitié sur Lisette.)

SCENE XII.

Madame DE FOLINCOURT, M. COCUS, LISETTE.

M. COCUS.

QU'EST-CE que cela veut donc dire?

Madame DE FOLINCOURT.

Quelque imbécilité de la part de cette ignorante ; je vous prie de l'excuser Monsieur.

M. COCUS.

En vérité, Madame, c'est quelque chose de bien étonnant que les disparités que l'on trouve dans une famille !

Madame DE FOLINCOURT.

Cette petite fille est absolument le portrait de feue sa mere ; ma belle-sœur étoit une pauvre femme ; elle affectoit un certain gros bon sens domestique, & ne sortoit pas de là..... Son pere ne valoit guère mieux.

M. COCUS.

Ah ! Madame, que d'illustres personnages auroient été à plaindre si le Ciel n'eut mis d'autres disposi- tions dans votre ame.

LISETTE,

LISETTE, *à part.*

Que de Sçavans fans haut – de – chauffe & fans dîner !

M. COCUS.

Madame , on vient de me remettre un billet laiffé à votre porte par le fçavant Goffius. Ah ! Madame, quel homme! que j'ai de regrets de ne m'être pas trouvé là pour le recevoir! De toutes les incongruités de votre Suiffe..... c'eft.....

Madame DE FOLINCOURT.

En vérité , Monfieur , ces Suiffes-là font défolans. La porte d'une femme comme moi devroit être gardée au moins par un Bibliographe.

M. COCUS.

J'ai votre affaire en main , Madame.

Madame DE FOLINCOURT.

Que je vous aurai d'obligations , M. Cocus! un homme fçavant ne frappe pas plus l'oreille d'un Suiffe que s'il étoit fourd. Allez, M. Cocus, tâchez de réparer cette méprife, & ramenez-moi, s'il fe peut, ce grand perfonnage ; il a furieufement vu ; mais j'efpère qu'il nous trouvera bons à connoître.

M. COCUS.

Comment ! Madame , il m'écrit qu'il arrive exprès pour cela , & qu'il s'eft arrêté dans le pays de Gex , où il s'eft muni d'une puiffante recommandation auprès de vous.

Madame DE FOLINCOURT.

Oh , qu'il vienne , M. Cocus, qu'il vienne. Allez ,

D

ne perdez pas un inftant. Dans le pays de Gex! Courez donc vîte. (*Cocus fort.*) (*A Lifette.*) Et vous, Lifette , fuivez-moi dans mon cabinet , & que je n'y fois pas interrompue d'ici à une heure.

Fin du premier Acte.

ACTE II.

SCENE PREMIERE.

HENRIETTE, LISETTE.

LISETTE.

EH bien, Mademoiselle, Madame vous condamne à ne pas vous montrer d'aujourd'hui ? cela ne paroît pas vous affliger.

HENRIETTE.

Pas excessivement, Lisette.

LISETTE.

Oh ! la petite réfractaire ! comme elle est rebelle à la doctrine ; on ne fera jamais rien de cela.

HENRIETTE.

On n'en fera jamais, je te le jure, une protectrice.

LISETTE.

De quoi vous avisez-vous aussi d'aller rire de ce mémoire ; votre très-illustre tante r'habille la nudité de cinquante Savans, qu'un si beau trait d'humanité met en état de descendre de leurs mansardes, & Mademoiselle rit d'une bienfaisance aussi - bien placée ; quand nous faisons du bien, Mademoiselle, il faut le faire avec jugement, & d'abord aller au plus pressé. (*Elles rient.*)

D ij

HENRIETTE.

En vérité , Lifette, je n'ai rien vu de plus bouffon que cela.

LISETTE.

Savez-vous bien , Mademoifelle, que l'honnête M. Pillardin fait encore une livraifon aujourd'hui. Madame , qui a autant de précaution que de difcernement , ignore la durée de fon voyage , & la charité lui infpire de pourvoir à la décence de tous fes protégés pour dix-huit mois.

HENRIETTE.

C'eft égaler la prévoyance à la générofité.

LISETTE.

Ah ! ça , laiffons Madame épuifer l'une & l'autre pour tous fes illuftres, & permettez-moi de fonger à vous pourvoir d'un meuble très-néceffaire , & dont vos yeux me difent que vous avez befoin.

HENRIETTE.

Que voulez-vous donc dire ?

LISETTE.

Connoîtriez - vous, Mademoifelle, certain Savant qui doit nous venir aujourd'hui.

HENRIETTE.

Ni Savant, ni bel-efprit , ma pauvre Lifette, ils me font tous étrangers ; je ne me fens pas le moindre goût pour eux.

LISETTE.

Il eft cependant certain Savant de ma façon.....

HENRIETTE.

De ta façon ?

LISETTE.

Oui , Mademoifelle , pourquoi pas ? je protége

(53)

auſſi moi, & je réponds que vous n'aurez pas autant
d'averſion pour celui-là que pour celui de Madame.

HENRIETTE.

Que veut donc dire ce badinage ?

LISETTE, *parlant bas.*

Que Meſſieurs d'Olmont ſont ici.

HENRIETTE.

Que m'apprends-tu , Liſette !

LISETTE.

Peſte , comme le goût de la ſcience vous ſaiſit
tout d'un coup !

HENRIETTE.

Ils ſont ici ?

LISETTE.

Oui , Mademoiſelle , arrivés de Dijon', & le bon-
homme conſent que ſon fils vous épouſe , ſi nous
venons à bout de décider Madame de Folincourt
à vous faire les avantages qu'ils ont droit d'attendre.

HENRIETTE.

En ce cas-là , Liſette , il faut y renoncer , ma
tante eſt trop prévenue contre moi.

LISETTE.

Laiſſez-moi faire , Mademoiſelle , nous employe-
rons la ruſe.

HENRIETTE.

Comment , la ruſe ?

LISETTE.

Oui , la ruſe. Allez-vous actuellement vous aviſer
d'avoir des ſcrupules.

HENRIETTE.

Après la scène de tantôt je crains bien que vous ne preniez mal votre tems.

LISETTE.

Nous raccommoderons tout cela ; songez seulement à être un peu plus dissimulée ; & sur - tout consentez, si vous n'aimez pas la science, à en faire au moins un peu semblant. Nous vous demanderons cet effort ; M. d'Olmont, pour vous obtenir, fait bien un autre personnage.

HENRIETTE.

Oh! à ce prix-là, Lisette, j'apprendrai le Grec s'il le faut.

LISETTE.

Quelle émulation ! quelle chaleur ! C'est vraiment un grand précepteur que l'amour pour une fille.

HENRIETTE.

Mais ne le verrai-je point, Lisette ?

LISETTE.

Vous le verrez quand il en fera tems : tenez, voici le pere qui arrive.

SCENE II.

Les mêmes, D'OLMONT, pere.

D'OLMONT, pere.

EH ! bon jour mon enfant : comme te voilà grande & jolie ! Le papa Lisimon seroit enchanté de te voir comme cela, & sans sa goutte il seroit ici.

HENRIETTE.

Je ne desire pas moins, Monsieur, le bonheur de l'embrasser.

D'OLMONT, pere.

Il n'est pas savant lui, ton pere..... Et ta chere tante, mon enfant, t'endoctrine-t-elle bien ?

HENRIETTE.

Monsieur, elle a bien fait des efforts, mais elle a trouvé chez moi un naturel si ingrat !....

LISETTE.

Oh oui, bien ingrat, Monsieur ; & si Mademoiselle ne tient un maître de votre main, elle restera toujours où elle en est.

D'OLMONT, pere, *riant*.

Eh ! eh ! eh ! eh ! oh je t'amene un Docteur ; il fera quelque chose de toi, celui-là. Mais, Lisette, ne pourrai-je pas voir la Dame de Folincourt.

LISETTE.

Oh ! Monsieur, elle est bien occupée ; actuellement que je vous parle, elle cherche peut être la longitude.

D iv

D'OLMONT, pere.

La longitude, Lisette !

LISETTE.

Oui, Monsieur, la longitude.

D'OLMONT, pere.

Oh ! bien va-t-en lui dire que je la cherche, moi, & que je ne sortirai pas d'ici que je ne l'aie trouvée.

LISETTE, *regardant sa montre.*

Oh ! Monsieur, pour un empire je n'irois point à présent ; encore dix minutes, & je vous obéis. Si j'avois le malheur d'interrompre Madame dans un calcul, j'aurois infailliblement mon congé.

D'OLMONT, pere.

Allons, pour dix minutes passe : Et Angélique où est-elle ?

LISETTE, *gravement.*

Elle fait actuellement l'essai d'une pompe foulante.

D'OLMONT, pere.

D'une pompe foulante ! La jolie occupation vraiment pour une fille.

LISETTE.

Oh ! Monsieur, Mademoiselle Angélique aime la science à la folie.

D'OLMONT, pere.

Tant qu'il lui plaira, mais une pompe foulante ! ma foi ma pauvre Lisette, je n'aime point à voir cet instrument là entre les mains d'une jeune personne. La femme est née pour l'aiguille & pour aimer son mari, & non pour essayer des pompes foulantes.

LISETTE.

Pauvre sexe, comme on te traite ; la Physique expérimentale, Monsieur, est quelque chose de si divertissant.

D'OLMONT, pere.

La Physique ! oh, je ne veux pas que ma brue sache la Physique : adieu, je sors pour aller à deux pas d'ici, & revenir à l'instant.

HENRIETTE.

Je me retire aussi, Lisette, pour prévenir le retour de ma tante dans cette salle ; si la longitude par malheur lui est échappée, il me faudroit essuyer son humeur.

LISETTE.

Allez, Mademoiselle, & préparez-vous à nous seconder.

SCENE III.

LISETTE, *seule*.

OH ! l'indéchiffrable femme que cette Madame de Folincourt ; en vérité, si le grand air ne la remet pas en voyageant d'ici en Pologne, tous ces pédans-là lui tourneront la tête.

SCENE IV.

ANGÉLIQUE, LISETTE.

ANGÉLIQUE.

Ma tante est-elle encore occupée, Lisette?

LISETTE.

Oui, Mademoiselle.

ANGELIQUE.

En ce cas, il faut respecter son travail; c'est un larcin fait aux sciences, que les momens qu'on lui dérobe; c'est un vol à la postérité.

LISETTE.

A la postérité, Mademoiselle! Madame votre tante lui en a fait bien d'autres; & pour peu que le génie, ou le démon de la science, continue à vous lutiner, je crains bien qu'elle ne voye pas plus de vos œuvres que des siennes.

ANGÉLIQUE.

Vous faites des épigrammes, Lisette; je vous passe cette saillie; j'aime l'esprit : mais il faut du respect.

LISETTE.

Je n'aurois pas cru en manquer, en plaidant la cause de cette postérité, que vous avez toujours à la bouche, Mademoiselle.

ANGÉLIQUE.

Eh! croyez-vous donc que je ne travaille pas pour elle ?

(59)

LISETTE.

Eh ! mort de ma vie, Mademoiselle, j'en ferai fûre, quand je vous verrai penfer à prendre un bon mari, au-lieu de tous ces bouquins : *à remotis*, tout cela, Mademoiselle, *à remotis*.

ANGÉLIQUE.

En vérité, Lifette, vous êtes bien groffière ; fi ma tante vous entendoit dire ces impertinences....

LISETTE.

Oh ! votre tante, dans fon tems elle a fait de fon mieux ; quand il a été paffé d'une manière bien ftérile, à la vérité, elle s'eft rabattue fur les fciences : fi à cinquante ans, la première de mes recettes ne vous a pas réuffi, vous pourrez prendre la feconde.

ANGÉLIQUE, *à part.*

Ce qu'elle dit eft de bon fens, & fans héritage..... Il faut diffimuler.... (*Haut.*) En vérité, ma tante s'occupe bien long-tems aujourd'hui.

LISETTE.

Je crois l'entendre, Mademoifelle.

ANGÉLIQUE.

Effectivement, la voici.

SCENE V.

Les mêmes, Madame DE FOLINCOURT.

Madame DE FOLINCOURT.

ANGÉLIQUE, je vous trouve fort à propos ; applaudiffez-moi, mon enfant ; j'ai fait une grande découverte.

ANGÉLIQUE.

Une découverte! Oh! ma chere tante, je brûle d'impatience de la connoître.

Madame DE FOLINCOURT.

Oh! pour le coup, je la tiens. . . . . . . Je vais bein étonner tous ces Meffieurs !

SCENE VI.

Les mêmes, D'OLMONT, pere, un LAQUAIS.

LE LAQUAIS.

IL y a là un gros Monfieur, Madame.

Madame DE FOLINCOURT.

C'eft affurément mon Savant ; qu'on faffe entrer, qu'on faffe entrer.

(D'Olmont, père, entre & falue.)

Madame DE FOLINCOURT, *bas à Angélique.*

Il a bien de l'embonpoint, & les épaules très-rondes, pour un illuftre.

ANGÉLIQUE.

Madame, c'eſt....

Madame DE FOLINCOURT, *ſans l'écouter.*

Monſieur, en vérité, je ſuis enchantée de vous
voir ; j'ai deſiré ardemment d'avoir cette ſatisfac-
tion ; d'ailleurs , le ſujet qui vous amène eſt trop
flatteur pour moi , pour que vous ne receviez point
l'accueil le plus diſtingué.

D'OLMONT, pere.

Je ſuis moi-même trop honoré, Madame, de la
manière dont vous voulez bien me recevoir , & je
n'oſois eſpérer que la choſe que j'ai à vous propoſer.....

Madame DE FOLINCOURT.

A me propoſer , Monſieur ! tout ce qui vient d'un
perſonnage tel que vous , eſt fait pour être entendu
avec le plaiſir & la reconnoiſſance la plus vive :
allons , des ſiéges , Liſette.

D'OLMONT, pere, *à part.*

Mais en vérité cette femme m'étonne : ce n'eſt pas
là ce qu'on m'avoit annoncé. (*Il s'aſſeoit.*)

Madame DE FOLINCOURT.

Quelque connu que vous ſoyez dans le monde,
votre préſence, Monſieur, ſemble ajoûter encore à
mon admiration.

D'OLMONT, pere, *à part.*

Admiration à moi ! (*Haut.*) Vos bontés, Madame,
ſurpaſſent tout ce que je m'en étois promis.

Madame DE FOLINCOURT.

Un homme comme vous , Monſieur , doit s'attendre à un accueil auſſi diſtingué que lui-même , &
quand vos ſçavants ouvrages....

(62)

D'OLMONT, pere, *à part.*

Mes fçavants ouvrages !

Madame DE FOLINCOURT.

Oui, Monfieur, quand vous ne feriez pas au premier rang des favants & des génies du fiècle......

D'OLMONT, pere, *à part.*

Mais elle eft folle !

Madame DE FOLINCOURT.

La recommandation que vous m'apportez m'eft fi
précieufe, que vous avez toutes fortes de titres auprès de moi.

D'OLMONT, pere, *à part.*

A la bonne heure ; mais pour mes fçavants ouvrages ! (*Haut.*) Madame, j'ai effectivement à vous
remettre une recommandation qui doit vous être
chere.

Madame DE FOLINCOURT.

Donnez donc, Monfieur, donnez ; mes yeux brû-
lent de lire ces auguftes caractères.

D'OLMONT, pere, *à part.*

Auguftes caractères ! (*Haut.*) Voici, Madame ,la
lettre, dont m'a chargé....

Madame DE FOLINCOURT, *avec*
précipitation.

Oui, Monfieur, le Patriarche & le Neftor des
fciences & des lettres, l'objet exclufif de tous nos
hommages ; que vous êtes heureux ! vous l'avez vu,
vous lui avez parlé.

(*Elle ouvre la lettre avec précipitation. Lifette, pen-*
dant cette Scène, doit avoir ri, & Angélique fait de
vains efforts pour interrompre Madame de Folin-
court.)

ANGÉLIQUE, *à part.*

Ma tante fait un quiproquo, & ne veut pas m'entendre.

D'OLMONT, pere, *à part.*

Cette femme, à coup sûr, est dans quelqu'accès.

Madame DE FOLINCOURT, *lisant la date de la lettre.*

» A Dijon, ce.... » Comment, Monsieur! il est à Dijon? Ah! venez donc que je vous embrasse, illustre précurseur du plus grand des mortels. — Lisette, contre-ordre à tous mes gens, s'il vous plaît; je ne pars pas pour la Pologne, ou j'emmène l'homme divin avec moi. (*Elle lit.*) « J'emprunte une main » étrangère, pour vous annoncer, ma chere sœur... » Ma chere sœur!.... Quelle chûte! Mon Dieu! c'est mon bénêt de frère! (*Elle lit tout bas, & d'un air glacé; elle poursuit ensuite avec dédain.*) Vous vous appelez Monsieur d'Olmont, Monsieur?

D'OLMONT, pere.

Oui, Madame, fort à votre service.

Madame DE FOLINCOURT, *du même ton.*

Je vous en rends grâces.

D'OLMONT, pere, *à part.*

Diable! elle a bien changé de ton.

Madame DE FOLINCOURT.

Mon frère me mande que vous êtes son ancien ami, & qu'il veut s'allier avec vous, en donnant une de mes nièces à Monsieur votre fils; mais vraiment c'est fort bien fait, Monsieur.

D'OLMONT, pere.

Je tiens à grand honneur, Madame, que vous vouliez bien donner votre consentement à cette affaire.

(64)

Madame DE FOLINCOURT.

Il me paroît qu'on n'a pas cru en avoir grand befoin, puifqu'on ne me confulte que quand elle eft
conclue.

D'OLMONT, pere.

Madame, mon état, ma famille & ma fortune,
vous font connus.

Madame DE FOLINCOURT.

Eh ! qu'importe tout cela , Monfieur ?

D'OLMONT, pere.

Monfieur Lifimon a conjecturé que vous pen-
fiez....

Madame DE FOLINCOURT, *avec beaucoup de dédain.*

Oh ! mes penfées, Monfieur , font chofes fort
obfcures pour mon pauvre frère , & cela n'eft pas
étonnant.

D'OLMONT, pere.

Sans la goutte qui le tourmente , il feroit venu
lui-même vous préfenter mon fils ; le pauvre homme, en vous faifant écrire , a eu bien de la peine à
figner.

Madame DE FOLINCOURT.

J'en fuis véritablement affligée , Monfieur.

D'OLMONT, pere.

Que puis-je efpérer , Madame ?

Madame DE FOLINCOURT.

Comment ! efpérer ? Mon frère n'eft-il pas le maître de fes enfans ? Je defirerois feulement qu'il daignât
me laiffer Angélique , que je me propofe de pourvoir
felon mes vues.

D'OLMONT

D'OLMONT, pere.

Il a peut-être quelque droit d'attendre de votre juſtice, que vous traiterez également ſes deux filles ; l'une vous touche d'auſſi près que l'autre ; je ſuis bien éloigné d'aſpirer à mettre obſtacle aux projets que vous pourriez avoir pour l'aînée : c'eſt la cadette qu'on vous demande.

ANGÉLIQUE, à part.

La cadette..... d'Olmont..... Que je ſuis piquée....!

Madame DE FOLINCOURT.

Mais vraiment cela eſt raiſonnable, Monſieur ; il eſt le maître & vous auſſi ; cela m'arrangera d'autant mieux, que mon frère ayant peu de fortune, la pauvre Henriette n'avoit de reſſources qu'un Couvent ou mes bontés, ſi j'avois diſpoſé moi-même de ſa perſonne ; on me laiſſe l'autre, il eſt juſte que tout mon bien ſoit le prix de ce ſacrifice.

ANGÉLIQUE, à part.

Me voilà vengée.

D'OLMONT, pere.

C'eſt votre dernière réſolution, Madame ?

Madame DE FOLINCOURT, très-froidement.

Oui, Monſieur.

D'OLMONT, pere.

Elle réglera la mienne ; je ſuis trop attaché aux intérêts de la fille de mon ami, pour permettre que mon fils, par ſa pourſuite, nuiſe au ſort brillant qu'elle peut attendre de vos bontés, & je me retire, Madame.

(*Madame de Folincourt lui fait une profonde révérence.*)

E

SCENE VII.

Les mêmes, excepté D'OLMONT.

Madame DE FOLINCOURT.

Mon bon-homme de frère radote ; vouloir m'empêtrer de ces plats Provinciaux ! moi qui destine mes nièces à des hommes célèbres !

LISETTE.

Vous avez raison, Madame : des filles charmantes, élevées par une tante comme vous, sont faites pour la couche d'un grand homme.

Madame DE FOLINCOURT.

Pour vous, Angélique, je réponds bien que vous me laisserez disposer de votre main ; aussi j'ai pour vous un excellent établissement en vue : venez avec moi, ma nièce ; venez, nous nous entretiendrons.

ANGÉLIQUE, *à part.*

Oh ! je ne suis pas embarrassée de tourner son esprit de manière à souffler d'Olmont à ma sœur, & à la faire substituer à ma place pour épouser Monsieur le Marquis.

(*Madame de Folincourt & Angélique sortent.*)

LISETTE, *seule.*

Je ne sais mais je crois voir dans les yeux de cette pédante d'Angélique qu'elle a des projets qui pourroient fort bien me nuire ; j'ai lu sur sa physionomie, je ne sais quoi, qui me donne des soupçons ..... Parbleu, Mademoiselle Angélique, je crois que je vous devine ; mais j'espere bien vous faire voir, qu'en fait de ruses d'amour, une sçavante n'est qu'une bête.

SCENE VIII.

HENRIETTE, LISETTE.

HENRIETTE.

QUE difois-tu donc là, Lifette ? Tu parlois toute feule.

LISETTE.

Oh ! Mademoifelle, je parlois bien à votre fœur ; je fens que je plains Madame votre tante ; la bonne Dame a des travers qui font pitié : quant à la malice, hélas ! bon Dieu, elle n'en a pas plus que l'enfant qui vient de naître. Pour Mademoifelle Angélique, c'eft autre chofe.

HENRIETTE.

Comment donc ! autre chofe ?

LISETTE.

Oui, Mademoifelle, avec fes airs doucereux & fa docilité contrefaite, elle a l'art de s'emparer tellement de l'efprit de Madame, qu'elle lui feroit voir, dans un befoin, des étoiles en plein midi.

HENRIETTE.

Eh bien ! c'eft un privilège & une félicité, que je fuis bien loin de lui envier.

LISETTE.

Eh ! mort de ma vie, elle vous enlevera elle, la fucceffion de Madame de Folincourt.

HENRIETTE.

A la bonne heure, Lifette ; je n'y ai jamais penfé, que parce qu'elle faciliteroit mon union avec d'Olmont.

LISETTE.

Votre union avec d'Olmont ? Oh! vraiment vous comptez fans votre hôte.

HENRIETTE.

Sans mon hôte ? Et qu'eft-il donc arrivé?

LISETTE.

Il eft arrivé, Mademoifelle, que Monfieur d'Olmont, pere, eft venu ici.

HENRIETTE.

Après ?

LISETTE.

Madame, qui étoit encore toute échauffée de ce qu'on avoit renvoyé un Savant qui venoit de fort loin, & qui s'étoit préfenté pour la voir, dans fon enthoufiafme l'a d'abord pris pour ce Savant là.

HENRIETTE.

Enfuite, Lifette?

LISETTE, *en riant.*

Eh bien! elle lui a d'abord fait de grands complimens..... & puis elle l'a embraffé d'auffi bon cœur, qu'un Poëte crotté endoffe un habit neuf.

HENRIETTE.

Mais ce début s'annonce très-bien.

LISETTE.

Attendez donc, Mademoifelle. Voilà-t-il pas qu'il a tiré la lettre de Monfieur votre pere; Madame, qui n'écoutoit, ni ne voyoit rien, a rompu le cachet avec la chaleur qu'elle reffent d'ordinaire, quand il lui arrive quelque paquet par le Courier de Genève, & puis elle a vu....

HENRIETTE.

Eh bien! Lifette, qu'a-t-elle vu ?

(69)

LISETTE.

Elle a vu que c'étoit de Monsieur votre pere.

HENRIETTE.

Alors ?

LISETTE.

Alors sa fièvre s'est évaporée, & de brûlante qu'elle étoit, elle s'est convertie en un frisson.

HENRIETTE, *consternée.*

Ah ! je devine le reste, ma pauvre Lisette.

LISETTE.

Le plus grand mal n'est pas qu'elle ait refusé Monsieur d'Olmont ; car cela est un peu dans nos projets.

HENRIETTE.

Eh ! quel est-il donc ce grand mal ?

LISETTE.

C'est que Monsieur d'Olmont a pris congé ; ensuite votre chere sœur a commencé un entretien avec Madame, dont j'augure bien du changement.

HENRIETTE.

Qu'ont-ils dit ?

LISETTE.

Je n'en sais rien, vraiment ; mais j'en ai quelque soupçon.

HENRIETTE.

Quelque soupçon, Lisette ?

LISETTE.

Oui, je prévois, qu'à certain condition on engagera Madame à souffrir la recherche de Monsieur d'Olmont.

HENRIETTE.

A quelques conditions que ce puisse être, je serai trop heureuse.

E iij

(70)

LISETTE.

Pas tant, Mademoiselle, pas tant.

HENRIETTE.

Comment! pas tant? Elle pourra peut-être réduire le bien, qu'elle comptoit me faire, pour avantager ma sœur.

LISETTE.

Oh! elle fera bien mieux pour votre sœur.

HENRIETTE.

Eh bien! je m'en consolerai.

LISETTE.

C'est que je crains bien que ce ne soit pas vous.....

HENRIETTE.

Que ce ne soit pas moi?

LISETTE.

Eh oui, Mademoiselle, eh oui; je me trompe fort, ou Mademoiselle Angélique a elle-même des desseins sur Monsieur d'Olmont. Ne vous désolez pas, je rentre, & j'espère bientôt revenir vous instruire de ce qui s'est passé: mais, tenez, je vois arriver Monsieur Cucurbitin, le Conseiller intime de Madame; rentrez vous-même, rentrez: le bon-homme me fait les yeux doux, & me conte quelquefois fleurettes. J'en tirerai quelques lumières.

HENRIETTE.

Ne sois pas long-tems au moins, Lisette; car je meurs de crainte & d'impatience.

LISETTE.

Allez, allez, Mademoiselle, ne vous mettez pas en peine.

(Henriette sort.)

SCENE IX.

LISETTE, M. CUCURBITIN,
une lettre à la main qu'il met précipitamment dans sa poche en appercevant Lisette.

M. CUCURBITIN.

OH ! vous voilà, belle Lisette.

LISETTE, *d'un ton très-doux.*

Oui, Monsieur.

M. CUCURBITIN, *en riant.*

Eh bien ! le flogistique vous embarraffoit donc beaucoup ?

LISETTE.

Monsieur, ne prononcez pas ces grands mots là, vous favez bien qu'ils me font peur.

M. CUCURBITIN.

Charmante Lisette, vous favez bien, vous, que ce n'eft pas là mon intention ; je voudrois....

LISETTE.

Vous voudriez ?

M. CUCURBITIN.

Eh oui, pouvoir apprivoifer un peu ce naturel timide & craintif, & qu'au moins le fourneau, où vous éprouvez mon cœur, fit ceffer en même-tems l'état de congellation où je vois toujours le vôtre.

LISETTE.

Vous étes toujours galant , M. Cucurbitin , & qui voudroit vous en croire, iroit loin.

M. CUCURBITIN.

Non , je vous jure, belle Lisette , & si vous pouviez lire dans mon âme, vos yeux en extrairoient l'esprit pur & délicat d'un amour dépouillé de toute sa terre morte.

LISETTE , *à part.*

Terre morte ! (*Haut.*) Savez - vous , Monsieur Cucurbitin , que vous me parlez si souvent de cet amour là , que je serois presque tentée d'y croire.

M. CUCURBITIN.

D'y croire ! Ah ! chere Lisette , quelle preuve puis-je vous en donner ?

LISETTE.

Il en est une.... Vous savez bien que le foible des femmes est la curiosité : il est certains secrets que vous pourriez m'apprendre....

M. CUCURBITIN.

Quel secret ? Celui de mon grand élixir ?

LISETTE.

Non , non.

M. CUCURBITIN.

De mon essence anti-spasmodique ?

LISETTE.

Je ne m'embarrasse pas de tout cela.

M. CUCURBITIN.

De la manière de fixer l'air par l'acide nitreux ?

LISETTE.

Peu m'importe.

M. CUCURBITIN.

Ah, ah! je conçois. Vous aimez l'or, & vous croyez peut-être que j'ai la pierre philofophale. La découverte eft poffible; je pourrai y parvenir...... & alors....

LISETTE.

Monfieur, il n'eft pas queftion de tout cela; en entrant ici, vous fortiez de chez Madame; vous aviez à la main une lettre, que je vous ai vu ferrer dans votre porte-feuille: cela couvre quelque myftère. Ce n'eft pas tout; vous étiez dans fon cabinet, quand elle y eft rentrée avec Mademoifelle Angélique, & à coup fûr, vous avez eu part à l'entretien.

M. CUCURBITIN.

Mais....

LISETTE.

Ne biaifez pas, Monfieur; vous êtes chargé de quelque commiffion qui regarde nos jeunes Demoifelles.

M. CUCURBITIN.

Moi, Lifette?

LISETTE.

Oui, Monfieur, vous même; vous êtes le Factotum de Madame, & en vérité elle ne fauroit mieux placer fa confiance: ah ça, voyons, Monfieur Cucurbitin, croyez-vous que je fois une fille fenfée & difcrette?

M. CUCURBITIN.

Senfée? oui: & même, quelque chofe de plus, difcrette..... Eh! ne le font-elles pas toutes?

LISETTE.

Point de plaifanteries, Monfieur Cucurbitin; allons au fait; voulez-vous me dire ce que vous favez, ou non?

M. CUCURBITIN.

Mais je ne fais rien.

LISETTE.

Vous favez du moins que vous avez une lettre ?

M. CUCURBITIN.

Point de difficulté à cela. Oui, Madame de Folin-court m'a même chargé de la remettre à fon adreffe.

LISETTE.

Eh ! quelle eft cette adreffe, s'il vous plaît, Mon-fieur ?

M. CUCURBITIN.

Celle d'un Gentilhomme de Province, nouvelle-ment arrivé à Paris.

LISETTE.

Qui s'appelle ?

M. CUCURBITIN.

Monfieur d'Olmont.

LISETTE.

Ah ! Monfieur d'Olmont ! .... Au fujet, n'eft-ce pas d'un certain mariage ?

M. CUCURBITIN.

Ah ! j'ignore....

LISETTE.

Tant pis, Monfieur : je veux que tout homme qui cherche à me plaire, n'ignore de rien. Adieu, Monfieur Cucurbitin.

M. CUCURBITIN.

Mademoifelle Lifette ! Mademoifelle Lifette ! Cela vous feroit donc grand plaifir....? Eh bien, pour vous donner une preuve de l'envie que j'ai de pof-féder vos bonnes grâces, je vous dirai : mais en con-fidence, au moins....

LISETTE.

Oh ! foyez bien affuré que je ferai un bon ufage de ce fecret là.

M. CUCURBITIN.

Vous faurez donc, que Madame de Folincourt, fur les repréfentations de Mademoifelle Angélique, fa nièce, fe détermine à s'allier avec M. d'Olmont : mais il faudra que le jeune homme époufe l'aînée, & que la cadette devienne la femme du Marquis d'Orfimont. A ces conditions, que Mademoifelle Angélique me paroît avoir dictées, & que Monfieur d'Olmont, père, ne rejettera affurément point, c'eft une affaire conclue.

LISETTE.

Fort bien. (*A part.*) Oh ! je m'en étois bien doutée.

M. CUCURBITIN.

Et je m'en allois porter parole au bon-homme.

LISETTE.

Monfieur, cette lettre ?... eft-il abfolument nécef-faire que vous la remettiez vous-même.

M. CUCURBITIN.

Mais..... je ne penfe point.....

LISETTE, *lui prenant la lettre des mains.*

Eh bien, je m'en charge.

M. CUCURBITIN.

Mais fi Madame.....

LISETTE.

Soyez tranquille, M. Cucurbitin, croyez que je fuis trop fenfible.... pour.....

M. CUCURBITIN, *avec joie.*

Trop fenfible !..... trop fenfible !.....Ah ! Mademoi felle Lifette, je fuis trop heureux.....

LISETTE.

Allez, **M.** Cucurbitin , vous êtes un homme char mant.

M. CUCURBITIN, *lui baife la main.*

Mademoifelle Lifette , je fuis ravi..... (*A part.*) avec un peu de complaifance l'on fait tout ce qu l'on veut de ces oifeaux-là.....

LISETTE.

A tantôt, M. Cucurbitin , à tantôt.

M. CUCURBITIN , *avec une joie exceffive.*

A tantôt ! oui, Mademoifelle Lifette , à tantôt ! Mais la lettre ?

LISETTE.

Elle fera remife.

(*M. Cucurbitin s'en va , puis revient fur fes pas.*)

M. CUCURBITIN.

Ne l'oubliez pas , au moins ?

LISETTE.

Soyez-en bien affuré.

M. CUCURBITIN, *revenant encore fur fes pas.*

A tantôt !

LISETTE.

Oui, oui , à tantôt.

(*Il fort.*)

SCENE X.

LISETTE, *seule.*

MAIS voyez donc ce vieux fou ! grace à son extravagance, j'ai éventé du moins les intentions de la sublime Angélique, & je tiens en main une pièce qui auroit pu nous faire tort..... Voici la pauvre Henriette, que l'impatience ramène ici, sans doute.

SCENE XI.

HENRIETTE, LISETTE.

VENEZ, Mademoiselle, venez, je vais vous apprendre des hauts faits de Mademoiselle Angélique.

HENRIETTE.

Eh bien, Lisette ?

LISETTE.

Je l'avois deviné ; malgré le goût pour la science qu'a cette docte & discrette sœur, on vous enlevoit M. d'Olmont.

HENRIETTE.

Juste Ciel !

LISETTE.

Oh ! ce n'est pas encore tout.

HENRIETTE.

Eh ! quel autre malheur peut – il te rester à m'apprendre ?

LISETTE.

La sublime Angélique vouloit bien consentir à vous céder à sa place le Marquis , ce personnage au tein hâve & blême qui à force de louer tous nos pédans, s'est rendu considérable parmi eux. Madame votre tante le lui destinoit *in petto*, & en vérité ce feroit dommage de les séparer , il est bien fait pour elle.

HENRIETTE.

Ah ! Lisette ! crois-tu que d'Olmont consente jamais à cet échange funeste ?

LISETTE.

Pour le fils j'en répondrois bien , mais le pere.....

HENRIETTE.

Il me paroît si bon-homme ?

LISETTE.

Bon-homme ! oui , mais il tient furieusement aux espèces.

HENRIETTE.

Est-il instruit, Lisette, de l'étrange résolution de ma tante ?

LISETTE.

Non , pas encore, grace à la complexion amoureuse de M. Cucurbitin , je suis venu à bout d'arrêter une Epître que Madame lui écrivoit : heureusement je la tiens, Mademoiselle.

(79)

HENRIETTE.

Ah ! fi tu pouvois prévenir.....

LISETTE.

Je crains bien, Mademoifelle, que la chofe ne foit difficile, d'autant plus que je crois m'appercevoir que ce vilain Marquis vous lorgne de préférence.

HENRIETTE.

Il me lorgne ?

LISETTE.

Eh ! oui, il pouffera à la roue, & toute la clique le fecondera.

HENRIETTE.

Dieu, quelle horreur ! j'aimerois mieux le Couvent, la mort même. (*Elle pleure.*)

LISETTE.

Allons, Mademoifelle, prenez courage. La pauvre enfant me fait pitié !

HENRIETTE.

Lifette, que je fuis à plaindre !

LISETTE.

Faites tête à l'orage, je vais employer tout mon art pour conjurer la tempête. Rentrez, Mademoifelle, rentrez ; fiez-vous à moi, & comptez fur l'amour de M. d'Olmont. Je doute fort qu'il puiffe fe réfoudre à époufer cette favantaffe, cette pigriêche, cet efprit à l'envers, cette.....

HENRIETTE.

C'eft ma fœur, Lifette ; malgré tout le mal qu'elle me fait, je ne dois point fouffrir qu'on l'outrage.

LISETTE.

Oh bien ! elle n'eſt pas ſi charitable, elle. Mais encore une fois, rentrez , Mademoiſelle, je veux perdre le nom de Liſette, ſi je ne dérange tout ce petit complot-là.

HENRIETTE.

Je vais faire tous mes efforts pour me calmer, mais hâte-toi ſur-tout d'inſtruire le jeune d'Olmont.

LISETTE.

Oui, oui, le jeune ſaura tout, & le vieux ne ſaura rien, qu'il n'en ſoit tems.

Fin du ſecond Acte.

ACTE III.

SCENE PREMIERE.

M. CURVILIGNE, LE MARQUIS.

M. CURVILIGNE.

MON pauvre ami, vous me faites pitié ; les traits de l'amour ne doivent point porter à travers la noble poussiere du sçavoir.

LE MARQUIS.

Henriette est charmante d'honneur, & la Philosophie ne tient point à cela.

M. CURVILIGNE.

C'est fort bien dit ; mais à courir deux liévres à la fois, souvent on n'attrape ni l'un, ni l'autre : vous poursuivez la Renommée, c'est une maitresse jalouse qui n'admet ni rivale, ni partage.

LE MARQUIS.

Je pourrois renverser ce raisonnement, en vous prouvant que la Renommée admet une compagne, à qui souvent on doit toutes ses faveurs, & cette compagne se trouveroit justement du cortége de Henriette

M. CURVILIGNE.

Et quelle est donc, s'il vous plait, cette compagne ?

F

(82)

LE MARQUIS.

La fortune, mon ami, la fortune !

CURVILIGNE.

Je vous entends.

LE MARQUIS.

Vous êtes trop bon calculateur pour ne pas fentir cela.

M. CURVILIGNE.

Oui, vraiment, il en eft bien quelque chofe.

LE MARQUIS.

Examinons les corps fçavans ; les talens y produifent bien un petit éclat de réputation, mais elle s'accumule fur ceux qui les nourriffent & les foutiennent : les réputations qu'on achetent coûtent moins de peines, & s'étendent plus loin que celles qu'on mérite. Mettons-nous en état d'acheter, mon ami, & nous abrégerons bien le travail.

M. CURVILIGNE.

C'eft fort bien dit : ce n'eft donc pas l'amour ?.....

LE MARQUIS.

Fi donc, quelle enfance ! Voudriez-vous deshonorer un fage ?

M. CURVILIGNE.

Non pas, & fur-tout un fage dont la prudence eft le premier attribut !

LE MARQUIS.

Ah çà, je connois votre afcendant fur la maman Folincourt ; pour peu que vous vouliez vous y prendre par *A* & *B* par, vous lui démontrerez qu'il faut qu'elle me donne fa niéce.

M. CURVILIGNE.

Mais pourquoi donner la préférence à Henriette?
N'auriez - vous pas meilleure compofition d'Angélique ? elle eft prefque auffi folle que fa tante.

LE MARQUIS.

Vous êtes dans l'erreur, mon cher ami ; Angélique eft une matoife qui fe couvre de travers affec-
tés, & fe revêt des ridicules prétentions de la bonne
Dame pour arriver à fes écus : nous fommes rivaux,
nous ne pouvons être amis.

M. CURVILIGNE.

Parbleu, Marquis , vous avez le tact bien fin.

LE MARQUIS.

Fin ! fin comme mon ftyle.

M. CURVILIGNE.

Et celui-ci l'eft fi fort, que quelquefois il nous
échappe.

LE MARQUIS.

Allons faire notre cour, nous reprendrons ce chapitre intéreffant.   (*Ils fortent.*)

SCENE II.

D'OLMONT, fils, (*habillé à la Polonoife.*)
LISETTE.

LISETTE.

EN vérité, Monfieur, cet équipage-là vous fera
bien venir ici : c'eft le coftume du jour ; Madame eft
occupée à l'endoffer.   F ij

D'OLMONT, fils.

Puiffe l'amour, ma chere Lifette, conduire la bar-
que à bon port; mais cette Angélique eft une fille
bien dangereufe.

LISETTE.

Oh! Monfieur, c'eft bien le plus mauvais efprit....
Si l'on tenoit Académie de malice & de méchanceté,
comme de beaux efprits, elle pourroit y préfider en
toute juftice. Mais Monfieur votre pere?

D'OLMONT, fils.

Ne t'inquiette pas : fur l'avertiffement que tu m'as
donné, je te le garantis écarté pour jufqu'au foir.
Dailleurs M. Cocus eft enchanté de ma perfonne; il
eft venu me déterrer à l'adreffe fimulée. Je fais jufte-
ment un peu plus de Grec que lui.

LISETTE.

Très-bien, Monfieur.

D'OLMONT, fils.

Je me reproche cependant un artifice où il eft
queftion de tromper mon pere.

LISETTE.

Comment le tromper! Son intention n'eft - elle
pas que vous époufiez une des filles de **M. Lifimon** ?

D'OLMONT, fils.

Oui.

LISETTE.

Dotée par Madame fa tante ?

D'OLMONT, fils.

Fort bien.

LISETTE.

Eh bien, n'allons-nous pas tout droit à fon but?

D'OLMONT, fils.

Mais il feroit peut-être de mon devoir de l'inftruire ?

LISETTE.

L'inftruire, Monfieur !... Non, non, il viendroit tout
gâter ; foulagez-vous un peu de vos fcrupu'es, ce
feroit bien là, au contraire, un moyen de lui défobéir.

D'OLMONT, fils.

Comment lui défobéir ?

LISETTE.

Oui, Monfieur, il viendroit nous faire là quelque
quiproquo. Comme le bon-homme ne regarde qu'à la
dot, il croiroit prendre le chemin le plus court, en
vous forçant de prendre celle que vous n'aimez
pas, & alors vous feriez le mauvais garçon, vous !

D'OLMONT, fils.

Tu as raifon, Lifette ; mais fi nous manquons
notre coup ?

LISETTE.

Bon, manquer ! Je vous donne pour garant de la
réuffite de notre entreprife, la vanité crédule de la
tante, & le tendre attachement de la nièce. Avec
ces refforts-là, Monfieur, on n'a jamais manqué de
brider les femmes.

D'OLMONT, fils.

Je les accepte, Lifette, & me livre tout à toi.

LISETTE.

C'eft de bien bon cœur que je vous fers : vous
verrez tous nos pédans, & vous vérifierez par vous-
même, Monfieur, que bien des êtres qu'on prône

pour de grands hommes, ne font fouvent que des oifons. De l'impudence & du verbiage, c'eft par où ils brillent : battez-vous les flancs ; faites plus de bruit qu'eux, & je vous réponds que vous les met- trez au fac. Je vais entrer chez Madame pour voir fi vous aurez bientôt audience.

SCENE III.

D'OLMONT, fils, *feul.*

JE vais donc faire mon entrée dans le monde fçavant; & métamorphofé par l'amour en Docteur & en Phi- lofophe, je vais jouer le plus glorieux, &, en vérité, le plus fou de tous les perfonnages. C'eft ici.... mais Lifette revient.

SCENE IV.

Le même, LISETTE.

LISETTE.

MONSIEUR, Monfieur, préparez-vous à l'affaut; Madame arrive efcortée de fon corps de bataille.

D'OLMONT, fils.

Comment donc, Lifette ?

LISETTE.

Oui, Monfieur, les deux Sçavans les plus maigres,

& les plus fecs de toute fon illuftre affemblée ; &
votre ami Monfieur Cocus en eft auffi.

SCENE V.

Les mêmes, Madame DE FOLINCOURT, Meffieurs COCUS, CURVILIGNE, LE MARQUIS.

M. COCUS.

Salut à notre illuftre.

Madame DE FOLINCOURT.

Qu'il me tardoit de vous voir, Monfieur, & de
vous témoigner le regret que j'ai eu de ne vous
avoir pas reçu ce matin.

D'OLMONT, fils, *affectant beaucoup de gravité & de dignité.*

A tous les bouts de l'univers on conçoit le defir
de venir admirer la noble protectrice & l'amie des
vrais talens. Ce n'eft que chez elle feule qu'on les
trouve raffemblés, & cela vaut bien, ô trés-illuftre
Dame, la peine de faire le voyage.

M. COCUS.

Quel tour heureux d'expreffion, Madame ! & quelle
nobleffe dans ce début !
(*D'Olmont, fils, fait une révérence à Monfieur Cocus.*)

Madame DE FOLINCOURT.

Mais il a l'œil du génie au moins..... Voyez-moi ce
regard !

D'OLMONT, fils, *affectant un certain coup-d'œil forcé.*

O très - illuftre Patrone de toutes les fciences & de tous les arts! fi l'homme, que j'ai vu, étoit ici ; ce coup-d'œil, qui vous paroit quelque chofe, ne feroit plus que le regard timide de la plaintive colombe ; cet immortel vous paroîtrait l'aigle qui, planant au haut des cieux, fixe l'aftre même du jour.

Madame DE FOLINCOURT, *à part.*

Comment ! mais cet homme-ci parle un langage bien fublime : échauffons-nous, & tâchons de nous mettre à l'uniffon. (*Haut.*) Illuftre étranger, ce coup-d'œil de l'aigle a mefuré chez vous l'étendue du génie ; & en vous adreffant à moi, l'homme divin m'honore autant qu'il vous rend juftice.

D'OLMONT, fils.

Je le fais, Madame, je tiens de fa bouche que je dois trouver ici le profond Cocus, homme rare & précieux, qui a enrichi fon fiécle des tréfors d'une antiquité mal connue avant lui, & porté un coup-d'œil obfervateur fur toutes les fciences, pour en faire un foyer, d'où un efprit de fyftême, vafte, autant que jufte, tire fes conceptions fublimes.

M. COCUS, *lui faifant une profonde révérence, & fe mettant en devoir de lui répondre d'un ton d'orateur.*

C'eft vous, Monfieur, qui me prodiguez des louanges auffi flatteufes; vous qui, d'un pôle à l'autre, dans un âge fi peu avancé, avez étudié & réfléchi fur les hommes de tous les lieux, & fur toutes les chofes ; vous qui avez percé bien plus avant que moi dans cette antiquité admirable ; je reçois cet éloge d'une bouche éloquente, & j'ai la douce fatisfaction d'être perfuadé qu'il vous a été infpiré, en partie ; par le plus grand Écrivain de ce fiécle, qui doit être encore le défefpoir de ceux qui fuivront, comme il a effacé tous ceux qui l'ont précédé.

(M. Cocus fait une grande révérence, que d'Olmont, fils, lui rend avec une gravité ftupide ; & puis fai-fant un quart de converfion vers M. Curviligne, il lui adreffe la parole.)

D'OLMONT, fils.

Souffrez, Monfieur, qu'à la vue de ces rides pré-coces, nobles veftiges d'un travail infatigable & affidu, à ces yeux rouges & enflammés, autant par l'amour & la foif de la vérité, que vous pourfui-vez fans ceffe, que par cette frugalité à l'heure & à la minute, qui figurera un jour fi dignement dans votre éloge, où votre fobriété caractériftique & fcrupuleufe, ne fera pas moins admirée que vos ou-vrages ; fouffrez qu'à ces fignes je vous falue. Géo-mètre célèbre, Littérateur inépuifable, Écrivain tranquile & fenfé, & fur-tout Orateur fi calme ! en un mot, illuftre Monfieur Curviligne, dont le nom éclate dans les faftes des Académies, & a été fi adroitement mêlé par un illuftre Marquis, à ceux de tant d'illuftres morts.

(M. Curviligne fait une profonde révérence.)

Madame DE FOLINCOURT.

En vérité, cet homme eft étonnant ! Qu'on me dife, après cela, que j'ai tort de prononcer fur le caractère d'un homme, en le voyant par le dos ; il devine les noms & les qualités, aux rides & aux regards. Ce que c'eft pourtant que le génie & le talent !

D'OLMONT, fils, *continuant par une profonde révérence au Marquis.*

O vous ! qui dès le premier pas dans la carrière, avez osé suivre, dans leur vol hardi, tant de génies, aux travaux de qui vous avez le bonheur d'être associé ; plus flatteur que Pline, plus adroit que Fontenelle, plus spirituel que Marivaux, recevez après eux un hommage égal à celui que j'offre à vos anciens. Que n'ai-je ce style sémillant, vif, coupé, qu'il n'est pas donné à tout le monde d'entendre & qui vous sert à confondre votre illustre confrère, votre patron, votre appui, avec chaque homme célèbre, dont votre plume trace le panégyrique ; je vous dirois combien le grand-homme (*très-vite*) Tragique, Lyrique, Épique, Comique, Logicien, Physicien, Historien, Satyrique, Critique, Philosophique, Didactique, Politique, (*très - fort, & comme un homme qui étouffe,*) unique, (*il reprend fort haleine,*) admire vos talens ; & encore plus, cette reconnoissance que vous témoignez, presque à chaque ligne, à votre illustre confrère.

(*Il se retourne vers M. Curviligne, en lui faisant une révérence ; M. Curviligne & le Marquis la lui rendent.*)

Madame DE FOLINCOURT.

Eh bien, Messieurs ! qu'en pensez-vous ?

M. COCUS.

Admirable !

M. CURVILIGNE, (*qui a écouté assis, appuyé sur ses poings, & mordant ses ongles.*)

Fort bien, fort bien !

LE MARQUIS.

Élégant & concis.

M. CURVILIGNE, *bas au Marquis.*

Marquis, répondez-lui pour nous deux ; il eſt certaines choſes que je ne peux pas dire moi-même, & qu'il ne faut pas paſſer.

‘LE MARQUIS, *à d'Olmont, fils.*

La modeſtie, Monſieur, ſuit toujours les grands talens. Mon illuſtre Confrère, M. Curviligne, en fournit un éclatant exemple ; eſprit vaſte, génie univerſel, il embraſſe toutes les ſciences, & poſſéde tous les talens, excepté celui de connoître & de ſentir lui-même ſa propre ſupériorité. Jamais il ne s'eſt entendu louer, ſans que cette modeſtie rare & précieuſe, lui ait fermé la bouche. Envain les Monarques ont rendu de loin hommage à ce grand-homme ; leurs éloges n'ont point réveillé le ſentiment de la vanité, toujours étranger à ſon âme ; & ſans mes précautions continuelles, les gazettes, ces bouches de la renommée, ne feroient point retentir l'univers de la juſtice, qu'un grand Roi rend au plus grand des Philoſophes : oui, Monſieur, abſorbé depuis ſa jeuneſſe dans cette eſpèce de méditation profonde, qu'exigent les ſciences exactes, il ſemble qu'elle lui ai fait contracter l'habitude de l'oubli de ſoi-même : admirez les diſtractions de ſon humilité. On l'a vu, dans nos doctes aſſemblées, applaudir de bonne-foi à ſon panégyrique tracé de ma main ; ſentir, ſans doute, toutes mes expreſſions, mais ne ſoupçonner pas même, qu'il fût queſtion de lui, quoique mon habitude ſoit de commencer & de finir toujours par-là. Vous me pardonnerez donc, Monſieur, d'être ici ſon interpréte, & d'oſer me joindre à ce grand-homme, pour vous témoigner l'admiration que vous nous inſpirez.

(*Ici tous les Acteurs ſe font des révérences.*)

Madame DE FOLINCOURT.

Mais , en vérité, c'eſt admirable ! Voilà comme devroient être des gens de Lettres , des Sçavans ; ah! bon Dieu ! ſans quelques maudits frelons, voilà comme vous feriez tous , Meſſieurs , de ſages abeilles réunies pour diſtiller le miel de la ſageſſe.

M. COCUS.

Oh que c'eſt bien dit !

LE MARQUIS.

C'eſt admirablement penſé, Madame !

M. CURVILIGNE, *qui a écouté aſſis, appuyé ſur ſes poings , & mordant ſes ongles.*

Oui , oui, bien , bien ! Il y a du ragoût à cela !

Madame DE FOLINCOURT, *au jeune d'Olmont, qui a tiré ſes tablettes, & qui écrit.*

Que faites-vous là , Monſieur ?

D'OLMONT, fils.

Je recueille précieuſement d'auſſi belles paroles , Madame ; je craindrois que ma mémoire ne les laiſſât échapper , & je les place ſur ces tablettes, à côté des oracles que j'ai entendu prononcer à Ferney.

Madame DE FOLINCOURT.

Vous êtes bien digne , Monſieur, de l'admiration & de l'attachement des perſonnes illuſtres , puiſque vous faites autant de cas de leurs ſentences ; mais je brûle d'impatience de recevoir l'Épitre immortel que vous avez à me remettre.

M. COCUS.

Ce doit être un de ces chefs-d'œuvres, de ces panégyriques adroits, qui fut toujours le prix de ceux que notre grand Patriarche a coutume de recevoir.

(93)

Madame DE FOLINCOURT.

Oh! en pareil cas, il n'eſt jamais reſté en arrière.

CURVILIGNE.

Je vous en réponds ; il y a quarante ans que le Courrier me rapporte éloge pour éloge.

LE MARQUIS.

Il y en a dix que je travaille ; je pourrois, compris demandes & réponſes, en publier un *in-folio* : mais il faut être modeſte.

CURVILIGNE.

Sans doute ; il n'y a rien de ſi dégoûtant, que de ſe louer ſoi-même : il faut confier çe ſoin, ou ſe déguiſer alors ſous le nom d'autrui ; & puis quand on a des amis.... Sans doute, ſans doute.

M. COCUS.

Oh! c'eſt la pratique conſtante parmi nous ; & il feroit fâcheux, pour l'illuſtre ſociété, que quelqu'un donnât priſe à l'impertinente critique, par quelque imprudence de ce genre.

Madame DE FOLINCOURT.

Je le ſens ; mais enfin, Meſſieurs, vous conviendrez qu'il eſt beau de voir des gens de Lettres ſe ſoutenir.

D'OLMONT, fils.

Beau, Madame ! & c'eſt préciſément par ce côté, que l'univers vous admire ; c'eſt pour cela qu'on vient de ſes extrêmités chercher des réputations auprès de vous.

Madame DE FOLINCOURT.

Oh! Monſieur, nous nous piquons d'en faire à nos amis, & même nous défaiſons celles de ceux qui ſont aſſez téméraires pour n'en pas être.

M. COCUS, *avec importance.*

On noüe ici des couronnes de laurier, & l'on forge des foudres, Monsieur.

M. CURVILIGNE, *avec emphase.*

Malheureux ceux sur qui elles tombent !

Madame DE FOLINCOURT.

Mais n'oublions pas cette lettre précieuse.

D'OLMONT, fils.

Il y a quinze jours, Madame, que ce trésor a été remis entre mes mains ; il m'est trop cher, pour ne pas le garder avec précaution : je tiens cette lettre précieuse dans une boëte d'or, & je compte vous la remettre.

Madame DE FOLINCOURT.

Ah ! Monsieur, souffrez que je vous embrasse une fois, deux fois, trois fois & cent fois.

M. COCUS.

Voilà qui s'appelle rendre hommage au génie.

LE MARQUIS.

D'or ! Cela est fort de mon goût, & fut toujours de celui du très-illustre.

M. COCUS.

C'est ainsi qu'Alexandre tenoit Homere... Madame, il me vient une idée.

Madame DE FOLINCOURT.
Voyons.

M. COCUS.

Ce jour est un jour solemnel.

Madame DE FOLINCOURT.
Fort bien.

M. COCUS.

Monfieur peut être regardé comme un envoyé
extraordinaire.

Madame DE FOLINCOURT.

Oh! très-extraordinaire!

M. COCUS.

Eh bien ! la remife de fa lettre de créance doit
vous être faite, tous les états affemblés.

Madame DE FOLINCOURT.

Excellent, Monfieur Cocus, fort bien imaginé.

M. COCUS.

Celui qui tient le fceptre du génie, vaut bien un
autre Monarque.

Madame DE FOLINCOURT, *avec empreffement.*

Oh ! oui, & vous ferez l'introducteur ; je vous
demande le fecret, mes amis ; il faut ménager le
plaifir de la furprife à toute notre affemblée.

SCENE VI.

Les mêmes , M. DULUTH.

Madame DE FOLINCOURT, *le voyant arriver.*

AH! voici le plus jeune , & non le moindre de
mes Profélites.

M. DULUTH.

J'accours , Madame , pour apprendre les nouvelles
du Grand-Maître, & connoître fon illuftre émiffaire.

Madame DE FOLINCOURT.

Chut ; Monſieur l'Ambaſſadeur n'eſt encore ici qu'*incognito*.

M. DULUTH.

Un Ambaſſadeur !

D'OLMONT, fils.

Oui , de la plus grande de toutes les puiſſances , celle qui commande à l'immortalité.

M. DULUTH.

On ne ſauroit, en vérité, parler plus dignement de celui qui vous députe.

D'OLMONT, fils, *affectant de l'enthouſiaſme*.

. Qui me députe ! ah ! Madame, ah ! Meſſieurs, ſi vous aviez vu ce Souverain du Parnaſſe , recevoir le Miniſtre d'un grand Roi, comme je l'ai vu ! qu'il a bien ſoutenu la dignité de ſon rang !

Madame DE FOLINCOURT.

Daignez nous conter cela , Monſieur ; on recueille ici avec ſoin les plus petits traits de ce grand perſonnage.

D'OLMONT, fils.

Un inconnu ſe préſente à la porte du château.....

Madame DE FOLINCOURT.

Dites du Temple, Monſieur , du Temple !

M. DULUTH.

Oui, Madame, vous avez raiſon ; & chez ce grand-homme, une baſſe-cour devient un parvis.

D'OLMONT, fils.

Bravo ! j'accepte la métamorphoſe , & je vois avec plaiſir , que ſes plus jeunes ſacrificateurs ne ſont pas les moins fervens.   M.

M. DULUTH.

Monfieur, je fais de fes miracles : mes Tragédies, vous les connoiffez ?

D'OLMONT, fils, *à part.*

Pas trop. (*Haut.*) Eh bien ! Monfieur ?

M. DULUTH.

Il n'a fait que les toucher, & le plomb s'eft converti en or pur.

D'OLMONT, fils.

Vous êtes trop modefte, Monfieur.

M. DULUTH.

Ah ! Monfieur..... (*Il fe rengorge.*) Mais continuez de grace : c'étoit vous interrompre pour peu de chofe.

D'OLMONT, fils.

L'inconnu demande à être introduit : qui eft-ce, dit le demi Dieu ? Cela a l'air d'un homme de Lettres, lui répond-t-on. — Vîte ma perruque. — On fort ; on vient lui redire à l'oreille que c'eft un Ambaffadeur : mais un Ambaffadeur véritable, au moins. Qu'on me rende mon bonnet de nuit, reprend judicieufement le modéle des Philofophes.

Madame DE FOLINCOURT.

Oh ! quel homme !

M. DULUTH.

Que cette fimplicité eft fublime ! & cette étiquette bien conçue, pour venger le favoir de l'orgueil de la puiffance ! que c'eft exercer d'une maniére fublime la dictature du génie !

G

M. CURVILIGNE.

En vérité , notre ami est grand dans les plus pe-
tites choses.

M. COCUS.

Quelle leçon pour le siècle , Madame ! quelle
leçon !

Madame DE FOLINCOURT.

Et pour ceux à venir , Monsieur Cocus !

LE MARQUIS.

Il faudroit la consigner à l'article *Bonnet* , dans
notre grand Dictionnaire.

M. CURVILIGNE, *gravement.*

Je crois qu'elle seroit mieux placée sous le mot
Perruque.

D'OLMONT, fils.

Et moi , je le réservois pour le mot sottise.

(*Tous , avec étonnement.*)

Comment , sottise !

D'OLMONT, fils.

Oui , Messieurs. Jugez comme Monsieur l'Ambas-
sadeur dût avoir l'air sot , en voyant le Sage en bonnet de nuit.

TOUS.

Bien pensé ! Monsieur.(*Ils applaudissent.*)

SCENE VII.

Les mêmes, LISETTE, un LAQUAIS.

LISETTE, *en entrant.*

IL y a trente - deux de ces Messieurs d'arrivés, Madame.

Madame DE FOLINCOURT.

Un moment, Lisette. (*Elle compte tous ceux qui font sur la Scene, excepte d'Olmont.*) Trente - trois, trente-quatre, trente-cinq, trente-six. Allez, Lisette, qu'on attende encore.

LE LAQUAIS, *en entrant.*

M. Version, M. Calcas & M. Faribole, viennent d'entrer, Madame.

Madame DE FOLINCOURT.

Et trente-neuf. Oh! pour ces derniers, ils ne feront point *ad-honores.* Vous favez, Messieurs, que le bufte du grand-homme fait le quarantième.

LISETTE, *à part.*

Eh! voilà le nombre des élus.

Madame DE FOLINCOURT.

Allons nous mettre à table.

D'OLMONT, fils, *bas à Lifette.*

Songe à la lettre.

LISETTE, *bas à M. d'Olmont.*

Oh ! Monfieur , le caractère eft imité d'après celle que j'ai dérobée à Mada ne.... mais à tromper l'homme divin lui-même : le fauffaire y met la dernière main , & vous l'aurez avant le deffert.

D'OLMONT , fils, *bas à Lifette.*

Bon ! mon audience ne doit commencer que quand on fera forti de table.

LISETTE.

On vous l'apportera en grande cérémonie.

Madame DE FOLINCOURT.

Allons, noble & fçavant Étranger , venez vous placer au vrai Licée entre tous les Sages, & que cette première faveur foit le jufte prix de votre admiration , pour celui qu'ils regardent comme le premier d'entr'eux.

(Tous les Acteurs, excepté Lifette , fortent , en faifant mille cerémonies , & affectant de fe donner le pas fuivant leur célebrité ; c'eft-à-dire, d'abord à l'Étranger & à Madame de Folincourt, & enfuite à Meffieurs Curviligne , Cocus , au Marquis ; M. Duluth affecte de fortir humblement le dernier.)

SCENE VIII.

LISETTE , *feule.*

(*Elle rit.*)

AH, ah, ah... Oh! les bons originaux. Allez, illuftres perfonnages ; volez au repas de Trimalcion ; bon appétit & grand bien vous faffe : au moins il

y a là à manger pour un Régiment ; & fi quarante
Auteurs peuvent en venir à bout, je tremble pour
Madame : il faudra bien qu'elle renonce à leur faire
fête, ou que, par prudence, elle mette à fond
perdu.

SCENE IX.

HENRIETTE, LISETTE.

LISETTE.

AH ! vous voilà, Mademoiselle ; vous n'êtes donc
pas du feſtin ?

HENRIETTE.

Non, Liſette, je ſubis ma pénitence.

LISETTE.

En vérité, vous étes bien à plaindre. Savez-vous
bien que d'Olmont a fait des merveilles ? Comment !
mais il pourroit être bel-eſprit ſans faire d'appren-
tiſſage.

HENRIETTE.

Eh, n'a-t-il pas le brevet de maitriſe en poche ?

LISETTE.

J'ai cru d'abord qu'il découvriroit la fraude, &
que Madame pourroit faire quelque difficulté de
l'enregiſtrer. J'étois dans ce cabinet, où je ſuivois
tout de l'œil ; mais la bonne Dame étoit ſi aiſe,
ſi aiſe, qu'elle ne lui a pas ſeulement demandé exhi-
bition.

HENRIETTE.

Comment donc, Liſette ?

G iij

LISETTE.

Non, Mademoifelle, il s'y eft fi bien pris, & a fi heureufement bavardé, qu'on l'a d'abord accepté pour un envoyé extraordinaire : auffi doit-on lui faire une entrée publique.

HENRIETTE.

Une entrée publique !

LISETTE.

Oui tantôt, à l'ouverture du bureau.

HENRIETTE.

Mais cela fera très-plaifant. Je ne fuis pas méchante, Lifette ; j'ai cependant quelque regret de ne pouvoir prendre ma part d'une auffi bonne fcène. Encore une fois, comment d'Olmont a-t-il pu s'y prendre, pour les captiver fi vîte ?

LISETTE.

Bon ! Mademoifelle, les beaux-efprits ne font-ils pas comme les jolies femmes ; moyennant un peu d'encens & quelques fadeurs, ils avalent tout : allons, allons, faifons place, Mademoifelle ; c'eft ici qu'on fera la cérémonie : on ne tardera point à y tout préparer.

Fin du troifième Acte.

ACTE IV.

SCENE PREMIERE.

D'OLMONT, fils, LISETTE.

(Pendant l'entr'Acte, on a dû préparer la Scène, en y mettant une table longue couverte d'un tapis, y plaçant des globes, des machines ; d'un autre côté, une caisse où l'on suppose des livres nouveaux, & une pile de différens Journaux & feuilles perio- diques.)

LISETTE, *d'abord seule.*

AH ! voici tout préparé pour nos Doctes assises : comment donc vous voilà ?

D'OLMONT, fils, *arrivant d'un autre côté.*

Oui, je me suis échappé pendant le café : ah ! ma pauvre Lisette, je n'en puis plus ; je suis excédé & désolé : je crains d'avoir fait une école.

LISETTE.

Comment donc, Monsieur ! que vous est-il arrivé ?

D'OLMONT, fils.

De faire un diner détestable, d'être étourdi par un tas de foux, que j'avois bien de la peine à surpasser en absurdités & en ridicules ; & malgré tout cela, Lisette, d'avoir fait une conquête, qui pourra bien nous donner de l'embarras.

G iv

LISETTE.

De l'embarras, Monſieur! Fut-ce celle de Madame de Folincourt, vous ne devez pas en être embarraſſé.

D'OLMONT, fils.

Non, Liſette, non : c'eſt la ſçavante Angélique ; je crois qu'elle m'a reconnu.

LISETTE.

Reconnu! Vous me faites trembler.

SCENE II.

Les mêmes, ANGÉLIQUE, *ſurvenant.*

ANGÉLIQUE.

EH bien! Monſieur le Savant , vous fauſſez donc compagnie comme cela ?

D'OLMONT, fils.

Très-illuſtre Demoiſelle.....

ANGÉLIQUE.

Ceſſez de feindre, M. d'Olmont, & dites - moi pourquoi ce traveſtiſſement burleſque ? Quel motif pouvez - vous avoir pour venir jouer un pareil perſonnage chez ma tante ?

LISETTE, *à part.*

Oh! ma foi, tout eſt perdu.

D'OLMONT, fils, *après avoir héſité un inſtant, & paroiſſant prendre ſon parti.*

Ne blâmez pas, adorable Angélique, un artifice

innocent , que l'amour m'infpire pour obtenir votre main. Aidez – moi au contraire , à voiler ma recherche , & à la déguifer fous des traits étrangers qui puiffent flatter Madame de Folincourt.

ANGÉLIQUE, *d'un air attendri.*

Eft-ce bien pour moi, d'Olmont, que vous avez eu recours à ce déguifement ?

D'OLMONT, fils.

En pouvez-vous douter ! J'ai fuivi mon pere ici avec l'aveu du vôtre , pour venir y demander votre main , ou, fur votre refus, celle de votre aimable fœur. Mon pere a parlé ; Madame de Folincourt étoit peu difpofée à l'entendre ; elle lui a fait connoître fes intentions fur vous : mon pere s'eft rejetté fur Henriette ; il a reçu encore le plus cruel des refus. Indifférent fur cette derniere perte , mais défefpéré de ne pouvoir vous obtenir , j'ai hafardé le perfonnage que je joue , & me voici à vos pieds pour entendre mon arrêt.

ANGÉLIQUE.

Relevez-vous, d'Olmont ; cette feinte eft inutile ; ma tante a changé de fentiment , & je me flatte de la faire confentir à notre union.

D'OLMONT, fils.

Ah! Mademoifelle , puifque j'ai ofé commencer une fcène auffi hardie, fouffrez que je la termine avec bienféance : votre tante indignée de l'entreprife pourroit m'en punir.

ANGÉLIQUE.

Vous avez fait une imprudence , d'Olmont ; mais le motif m'en eft affez cher pour que je vous aide à vous en tirer : je confens à fermer les yeux , & même à feconder cette Comédie jufqu'à la fin.

D'OLMONT, fils, *lui baisant la main.*

Adorable Angélique!.....

ANGÉLIQUE.

Je vous avouerai même actuellement que je suis au fait, & que vous jouez si bien votre personnage, que je veux prendre ma part de l'amusement. Adieu, très-illustre confrere. (*Elle sort en riant.*)

SCENE III.

D'OLMONT, LISETTE,
(*qui le regarde avec étonnement*)

D'OLMONT, fils.

EH bien, te voilà toute pétrifiée, Lisette!

LISETTE.

Est-ce tout de bon, Monsieur?

D'OLMONT, fils, *après un éclat de rire.*

Tout de bon mon enfant? eh non, non, ce n'est pas tout de bon : l'amour que j'ai pour Henriette m'a plus ouvert l'esprit en un quart-d'heure que les quarante élus n'auroient fait pendant un siécle, avec toute leur doctrine.

LISETTE.

Comment! mais, Monsieur, j'y aurois été prise moi.

D'OLMONT, fils.

Voilà, grace au Ciel, un fâcheux témoin d'écarté.
Adieu, Lisette, je rentre aussi. Puisse l'amour qui a
si bien commencé, achever son ouvrage.

SCENE IV.

LISETTE, *seule.*

Mais, en vérité, ce jeune homme-là en sait
presque autant qu'une fille ; il a une présence d'esprit
qui me déconcerte moi ! J'entens quelqu'un, ce sont
sûrement nos Savans qui s'écoulent par ici.

SCENE V.

M. CURVILIGNE, LE MARQUIS.

LE MARQUIS.

Eh bien, mon ami ?

M. CURVILIGNE.

Je vous embrasse de bon cœur, & je vous fais
compliment.

LE MARQUIS.

Comment donc, compliment ?

M. CURVILIGNE.

Oui, vous serez l'époux de la charmante Henriette.

!LE MARQUIS.

Eſt-il bien poſſible ?

M. CURVILIGNE.

Il n'y manque plus qu'une petite formalité , c'eſt l'aveu de cette aimable fille , & le conſentement du bon-homme Liſimon , ſon pere.

LE MARQUIS.

Mais je ne conçois pas , mon ami , comment vous avez pu réuſſir ſi vite auprès de la tante , dans une négociation qui me paroiſſoit aſſez critique.

M. CURVILIGNE.

Eh ! mon Dieu , dès la première ouverture , la bonne femme s'eſt rendue , c'étoit ſon projet. Cette femme aime furieuſement les ſciences.

LE MARQUIS.

Il faut bien que cela ſoit. Mais entre nous, Henriette n'eſt pas tout-à-fait de la même humeur ; & comme mon amour-propre ne porte pas ſur le Phyſique , je crains fort qu'elle ne ſoit difficile à déterminer.

M. CURVILIGNE.

Bon , nous avons déterminé la tante ; la tante a déterminé la dot , la dot déterminera le pere , & le pere déterminera la fille.

LE MARQUIS.

Voilà ce qui s'appelle tirer des conſéquences.

M. CURVILIGNE.

Ma foi, mon pauvre ami , le plus embarraſſant vous regarde. Mais voici la tante.

SCENE VI.

Les mêmes , Madame DE FOLINCOURT.

Madame DE FOLINCOURT.

APPROCHEZ-VOUS , Marquis ; il eſt donc vrai que l'amour ſoumet tout ; je ſuis flattée que ce ſoit par ma main qu'il veuille couronner un ſage ; vous avez prévenu mes deſirs ; & puiſque malgré ſa ſimplicité , Henriette a ſu vous plaire , ſon retour au Couvent , où j'allois la renvoyer , n'aura pas lieu : c'eſt une idiote dont vous ferez peut - être quelque choſe ; mais il ne faut pas moins que vous pour cela.

LE MARQUIS.

Comment , Madame ?

Madame DE FOLINCOURT.

Oui , Marquis , oui , Marquis , ce miracle vous étoit réſervé ; & en vérité , puiſque le Ciel m'a af-fligée en mettant dans ma famille un eſprit four-voyé , que je m'apprêtois à cacher dans un cloître , je ſuis trop heureuſe que l'étincelle de quelques diſpo-ſitions vous frappe aſſez pour vous engager à vous en charger ; Angélique , de ſon côté , vient de m'appren-dre une nouvelle qui me met au comble de la joie.

LE MARQUIS.

Nous la partageons bien ſincérement , Madame.

Madame DE FOLINCOURT.

Croiriez-vous qu'en ſi peu de tems elle a trouvé le

chemin du cœur de l'illustre étranger, oh ! je serois enchantée que cette affaire puisse se conclure ; j'avois bien d'autres vues pour elle, mais cela étoit encore éloigné & incertain. Concevez-vous bien, M. Curviligne, concevez-vous bien le plaisir que je vais avoir ? je verrai mon nom porté à la postérité, avec celui de mes illustres neveux.

M. CURVILIGNE.

Oh ! Madame ; c'est aller bien glorieusement à l'immortalité, que d'y aller en famille.

Madame DE FOLINCOURT.

Et les rejettons, Monsieur, & les rejettons ?

M. CURVILIGNE.

Comment, Madame, les rejettons du Marquis ? En considérant la souche, on peut se faire une idée des branches.

Madame DE FOLINCOURT.

On dira, en parlant de nous, dans deux siècles, dans trois, dans quatre, cinq, six, sept, vingt siècles, quelle femme admirable ! quelle famille étonnante ! c'étoit le savoir, le génie !...

M. CURVILIGNE.

Oui, à moins que quelque comete ne vienne déranger tout cela : la surface de ce monde sublunaire a la chance d'être peuplé de Savans.

Madame DE FOLINCOURT.

Rejoignons nos illustres ; nous reprendrons, après la séance, cet entretien si flatteur, & nous nous occuperons de l'exécution des projets les plus agréables que j'aie faits de ma vie ; je ne suppose pas mon imbécile de frère, assez sot pour s'opposer au bonheur de ſes filles, quoiqu'il m'ait député tantôt un grand flandrin de prétendu de la Province, avec ſon cher papa, que je n'avois pas encore tout-à-fait congédié, mais que je vais expédier dans les formes.

(*Ils ſortent.*)

SCENE VII.

LISETTE, D'OLMONT, fils.

LISETTE, *ſortant du cabinet.*

OH! parbleu, nous verrons cela; bon! voilà les choſes qui s'embrouillent; la bonne Dame de Folincourt eſt d'humeur mariante: voilà le bon moment pour faire jouer toutes nos machines.

D'OLMONT, fils, *arrivant.*

Eh bien, Liſette, le précieux paquet?

LISETTE.

Il eſt arrivé, Monſieur; vos Heyducs attendent vos ordres.

D'OLMONT, fils.

Fort bien.

LISETTE.

Eh! dites-moi donc, Monſieur, toute cette cohue va-t-elle ſe raſſembler ici?

D'OLMONT, fils.

Non, mon enfant, tous les honoraires ſont partis pour aller faire la ſieſte.

(*Deux Laquais apportent le buſte de...., & le mettent ſur un piédeſtal, au centre de la table à tapis vert.*)

LISETTE.

Ils dormiront mal; le feſtin grec leur procurera

une digestion inquiette. Mais voilà un des convives que l'on vient de placer au bureau : vite , vite , je me sauve ; la science pourroit bien me suffoquer : elle est assommante , sur-tout quand elle arrive en corps.

SCENE VIII.

Madame DE FOLINCOURT , Messieurs COCUS , CURVILIGNE , LE MAR-QUIS , CUCURBITIN , DULUTH , VERSION , FARIBOLLE , CALCAS , D'OLMONT , fils , ANGÉLIQUE , GROUPE DE BEAUX - ESPRITS.

(Madame de Folincourt se place à la droite du Buste , & fait placer M. Curviligne à la gauche ; auprès d'elle à droite , M. d'Olmont fils ; ensuite , du même côté , M. Cucurbitin , M. Version ; de l'autre côté , M. Cocus , M. Faribolle , M. Calcas ; ensuite les autres beaux - esprits se repartissent des deux côtés ; M. Duluth a un bout un peu à l'écart ; le Marquis se met en dehors de la table , vis - à - vis du demi cercle que forme les Acteurs. Angélique se tient à deux pas derrière sa tante. Après avoir tous salué le buste , les Acteurs s'asseoient ; Madame de Folincourt prend alors la parole , après avoir toussé plusieurs fois.)

Madame DE FOLINCOURT.

JE m'attendois , Messieurs , que ce jour seroit pour moi un jour de tristesse ; il devoit l'être en effet , puisqu'il

qu'il précède de très-peu celui qui doit me féparer de vous : mais que ce fentiment eft tempéré par la joie que me caufe l'arrivée d'un illuftre étranger ! Oui, Meffieurs, c'eft un jour de gloire, par les aufpices auguftes fous lefquels il vient ajoûter fes lumiéres à nos travaux.

(Ici le fond de la Scène s'ouvre ; deux hommes en livrée apportent une caffette, fur laquelle eft une couronne de laurier ; d'Olmont reçoit la caffette de leurs mains & la dépofe avec refpect vis-à-vis du bufte ; enfuite il préfente la clef à Madame de Folincourt ; celle-ci, en baifant la couronne de laurier, dit :)

Madame DE FOLINCOURT.

Feuillage augufte, fymbole du génie & de l'immortalité, fur ce front, quelle main profâne ofera jamais te toucher ? (*Elle couronne le bufte.*)

M. DULUTH, *avec enthoufiafme, fe tournant vers le bufte.*

Ta mufe fous ce voile invifible eft préfente,

Et de ce docte corps l'ame toute-puiffante.

M. FARIBOLLE.

Bien appliqué, M. Duluth, bien appliqué !

(Madame de Folincourt aprés avoir tiré de la caffette la boëte d'or, en tire la lettre, l'ouvre & la paffe au Marquis pour en faire lecture.)

LE MARQUIS, *lit.*

« A Madame de Folincourt, &c.

» Au-deffus de ces monts hériffés de frimats,

» Fourré comme un Lapon, tapi comme un Hermite,

   » J'achève ma courfe ici bas,

   » Plaignant les foucis, l'embarras,

H

           ,, Des pauvres humains que je quitte.

           ,, Pour vous ma Muse y dicte encor ces Vers.

           ,, Triftes enfans , reffemblans aux défert ,

           ,, Qu'en fon déclin leur pere habite ;

           ,, Souvent, à part , moi j'y médite ,

           ,, Et m'applaudis de voir que l'Univers ,

           ,, Graces à tant d'écrits diferts

           ,, Que fabrique la docte Elite ,

           ,, Et que Paris me fournit tous les mois ,

           ,, Bien moins bigot , moins fot , moins hypocrite ,

           ,, Aille un peu mieux qu'il n'alloit autrefois. ,,

,, Oui , Madame , infiniment mieux. Frédéric , le
,, grand Fréderic fut mon ami; je demande fi les fiècles
,, précédens ont vu les Rois amis des Gens de Lettres?
,, Ce Monarque a fait regner dans le Nord les Arts &
,, la politeffe. Dans peu d'années les Magnats de Po-
,, logne ne battront plus leurs payfans , & ne vien-
,, dront plus à Paris apprendre à danfer. La barbarie
,, difparoit de l'Europe entiere. D'un de fes bouts à
,, l'autre on voit fleurir les fciences & on lit mes ou-
,, vrages. Croiriez-vous , Madame , que j'ai vu l'autre
,, jour deux de mes Tragédies traduites en Cal-
,, mouke ! ,,

Madame DE FOLINCOURT.

En Calmouke ! Mais vraiment je le crois bien.

LE MARQUIS, *continuant de lire.*

,, Mais ce n'eft pas affez de penfer à éclairer fon
,, fiècle , il faut encore s'occuper du bonheur de la
,, poftérité ; la nôtre , Madame , eft celle qui doit
,, nous toucher de plus près. J'ai entendu dire que
,, vous aviez deux nièces jeunes & charmantes: il
faut les pourvoir. J'ofe préfumer que l'alliance intel-

» lectuelle que nous avons contractée, m'autorise à
» difpofer de mes filles. L'aimable & favant jeune
» homme que je vous envoye, Madame, eft auffi
» mon fils adoptif; je ferois heureux que vous l'ac-
» ceptaffiez de ma main pour votre neveu, fuivant
» l'ordre ordinaire. Il a de la naiffance & de la for-
» tune, & ce font les moindres titres auprès de
» vous ».

M. CURVILIGNE, *à part.*

Je demeure ftupéfait d'étonnement ! Cela pourroit
déranger les projets du Marquis.

Madame DE FOLINCOURT, *avec enthou-*
fiafme & dans un excès de joie.

Oui, Monfieur, je vous reçois de fa main, & je
vous adopte. L'honneur, en vérité, étoit bien affez
grande par lui - même; mais c'eft un Dieu qui commande, il fera obéi.

M. COCUS.

Hic certe melibæ Deus !

Madame DE FOLINCOURT.

Ma nièce eft à vous. Le Marquis aura fa fœur, &
je vous laiffe le maître de la moitié de mon bien dans
le contrat que je fuis prête à figner. Angélique,
voilà votre époux ; baifez la main immortelle qui a
pris foin de votre félicité.

(*Angélique fait une révérence, & fourit à d'Olmont.*)

D'OLMONT, fils, *à part.*

Tout va à merveille ; il n'y aura qu'un quiproquo
à faire, il eft des gens qui en font pour de l'ar-
gent.

(116)

M. FARIBOLLE.

En vérité , voici la matiere du plus joli conte
moral que j'aurois fait de ma vie.

M. CALCAS , *à d'Olmont.*

Monsieur , vous me rappellez Ulysse à son arrivée
chez la Princesse Nausica.

Madame DE FOLINCOURT , *regardant dans la cassette.*

Ah ! mon Dieu, que vois-je , Messieurs? un écrit,
& du grand homme, sans doute ? (*Elle le passe au
Marquis.*) Lisez , Monsieur, lisez , mon illustre neveu
voudra bien me le permettre ?

D'OLMONT , fils.

Madame , ce dernier chef-d'œuvre d'une main fé-
conde étoit destinée à vous être présenté.

LE MARQUIS, *lit.*

« Préservatif contre la barbarie Angloise , adressé
» à mes fideles amis, & à mes illustres suppôts pour les
» garantir du mauvais goût».

M. DULUTH.

C'est bien dit , le mauvais goût !... Le mauvais
goût est le fléau des Lettres , & le bon goût en est
l'ame, ce mot goût contient tout, renferme tout;
heureux qui a le goût, malheureux qui ne l'a point
saisi ; il faut avoir un goût sûr , un goût fin , un goût
délicat. Le goût.....

LE MARQUIS, *avec humeur.*

Le goût, le goût ! Eh ! Monsieur , il faudroit avoir
le vôtre.

M. DULUTH.

Le mien, Monsieur? j'abandonne aux autres toutes

prétentions au génie, à la pénétration profonde ; mais pour le goût, Monsieur, lorsqu'il est question du goût..... En vain la médiocrité rampante.....

LE MARQUIS.

Eh ! mon Dieu, Monsieur, nous laisserez – vous lire ?

M. DULUTH.

Pardon, Monsieur, de vous avoir interrompu. Lorsqu'il est question du goût, je m'échauffe & m'oublie.

Le MARQUIS, *reprenant sa lettre.*

« Pour les garantir du mauvais goût.....

M. DULUTH.

Et leur rendre le bon goût sans doute ?

LE MARQUIS, *avec impatience.*

Eh ! non, Monsieur, il n'y a point cela.

M. DULUTH.

Pardon, encore une fois, Monsieur, pardon.

LE MARQUIS, *continue à lire.*

« Et pour prévenir sur – tout les impressions que
» certain Poëte Anglois pourroit faire sur les ames
» foibles, & quelques découvertes dont Martin Fre-
» lon n'auroit pas manqué de tirer parti, s'il n'avoit
» ignoré la Langue Angloise. Mes amis, rappellez-
» vous mon Poëme Epique : il est bien vrai que dans
» Homere..... ».

M. CALCAS.

Homere, Monsieur, Homere ! Arrêtez un instant, Monsieur, s'il vous plaît ; Homere ! Je sçais

bon gré au très-illuftre perfonnage de placer Homere là.

Madame DE FOLINCOURT.

Je crois effectivement qu'on peut le mettre immédiatement après lui.

M. CALCAS, *avec chaleur.*

Ah, Madame, fi vous faviez le Grec ! le Patos, le
Calon , les Idiômes divers ! Je n'ofe pas prononcer :
les modes ! Quelle reffource en Grec : Madame, que
les modes ! Homere ! C'eft le génie pur & fimple ! oui,
tout pur , Madame : il a ce coup-d'œil , ce regard. (*Il
imite le regard.*)

D'OLMONT, fils.

Mais il étoit aveugle , Monfieur.

M. CALCAS.

Que dites-vous ? Homere aveugle ! aveugle , Monfieur , Homere ! il y voyoit tout comme moi, &
je ne fuis point aveugle. Oui , Monfieur , quand mon
ame eft exaltée par la poëfie d'Homere, je vois tout...
Les Dieux , les Héros , les combats, les Nymphes,
les Mers , les Fleuves , la Terre : tout cela s'offre
tour-à-tour. L'Univers rapproché tourne.....

D'OLMONT, fils, *à part.*

Comme votre tête.

M. CALCAS, *s'échauffant.*

Le jour Apollon , la nuit la triple Hécate.

LE MARQUIS.

Mais, Monfieur, Monfieur, écoutez donc ?

M. CALCAS, *s'affeyant brufquement.*

J'y fuis de toutes mes oreilles , Monfieur.

LE MARQUIS, *continuant à lire.*

» L'âne. . . . . .

M. CALCAS

Qu'appellez-vous l'âne , Monsieur.

LE MARQUIS.

Je continue ma lecture... « Il est bien vrai que
» dans Homere l'âne annobli figure souvent à la place
» du coursier ; je n'ai pu hasarder une pareille licen-
» ce ; j'avois cependant des titres pour me la permet-
» tre , & j'en ai été tenté plus d'une fois. Le siecle
» ingrat & rebelle m'auroit opposé le goût. Toute ma
» réputation ne m'eut point sauvé. Souffrirez-vous,
» mes amis, qu'un Anglo-Saxon usurpe un privilége
» que je n'ai pas. De petits traducteurs voudroient
» immoler ce goût tout-puissant au plaisir de voir des
» spectres éternels. Il est vrai que d'après lui j'ai ha-
» sardé une fois une apparition , elle m'a réussi. Je
» recommande ces Messieurs à notre ami M. Duluth ;
» je le prie de les arranger comme il faut le mois
» prochain. J'espere que quand on aura lu la feuille
» où il vient d'être installé, & la petite dissertation
» que je vous envoye, on pourra fort bien penser à
» les loger aux Petites-Maisons ».

Madame DE FOLINCOURT.

En vérité , ce sera les traiter avec trop d'indul-
gence encore !

LE MARQUIS, *continuant de lire.*

» Il est bon que vous sachiez que ce malheureux
» Shakespéar , tout barbare qu'il est , a fait quelques
» Pièces où il y a des choses supportables ; par exemple,
» son *Othello*, son *César*. Vous connoissez la perversité
» de certaines gens ; si la traduction faisoit fortune ,

» leur malice iroit y chercher des rapports avec quel-
» ques-uns de mes chefs-d'œuvres. Ce Public à qui
» j'en ai tant fait accroire, pourroit fort bien se laif-
» fer entrainer. Pour prévenir le coup, je vais prou-
» ver à toute la France qu'il ne faut pas qu'elle le
» life ; n'est-ce pas le moyen le plus sûr ? je vous de-
» mande là-dessus votre avis , mes amis ; le cas est
» d'autant plus grave & plus important , qu'il s'agit
» de prévenir la chûte & la décadence des Lettres ».

Madame DE FOLINCOURT.

Il a raison, Messieurs , il a raison. Cette décadence
prendra son cours du moment où on admirera d'autres ouvrages que les siens & les vôtres.

M. DULUTH.

Ah ! Madame , Madame , l'époque n'est pas éloi-
gnée ! Je suis né trop tard , je crains de voir ce siècle
pervers. Imaginez – vous que l'on blasphême déjà
contre le goût ; il y a des gens assez hardis pour re-
nier Racine , & soutenir d'après la populace grossiere
de Londres , qu'à Paris nous n'avons ni épuisé l'art ,
ni fixé ses bornes.

Madame DE FOLINCOURT.

Aux Petites-Maisons , aux Petites-Maisons.

M. DULUTH.

C'est un grand homme qui l'a dit..... Oh ! Racine ,
excepté notre maitre , peut-il y avoir quelque chose
après toi ?

Madame DE FOLINCOURT.

Entendez-vous l'Anglois , Monsieur ?

M. CURVILIGNE.

Non, Madame.

(121)

Madame DE FOLINCOURT.

Vous, Monsieur ?

M. COCUS.

Pas du tout.

Madame DE FOLINCOURT.

Vous ?

M. CUCURBITIN.

Pas un mot.

Madame DE FOLINCOURT.

M. Version ?

M. VERSION.

J'en ai une foible idée. C'est mon Commis, **Madame**, qui fait le gros de mes traductions : je polis seulement l'ouvrage.

Madame DE FOLINCOURT.

Personne ici ne sçait l'Anglois ?

TOUS ENSEMBLE.

Personne.

Madame DE FOLINCOURT.

Oh bien, Shakespéar est un barbare : qui pourroit contredire cela ! Il faut en avoir un exemplaire, & l'immoler au juste courroux du grand homme.

M. COCUS.

C'est bien dit, Madame, & pour donner l'exemple brûlons la traduction.

Madame DE FOLINCOURT.

Je suis de cet avis.

TOUS ENSEMBLE.

Brûlons.

Madame DE FOLINCOURT.

Lisette, des flambeaux.

LISETTE, *en dedans.*

On vient, Madame. (*Un Laquais apportant des flambeaux.*)

Madame DE FOLINCOURT.

C'est à vous, Monsieur.....

D'OLMONT, fils. (*Il regarde avec surprise.*)

A moi, Madame ! au feu, au feu.

(*Il brûle l'exemplaire.*)

Madame DE FOLINCOURT.

O ! homme immortel ! puisse cet holocauste appai-
ser ton génie irrité ! Marquis, acte dans les Archives
de cette grande exécution. L'Apothéose de Frétillon
ne fut pas accompagnée d'un pareil sacrifice.

LE MARQUIS.

Je m'y mets à l'instant, Madame. (*Il écrit.*)

D'OLMONT, fils, *à part.*

Quels fanatiques, bon Dieu !

Madame DE FOLINCOURT.

Je crois que c'est terminer notre séance par un
coup d'éclat.

SCENE IX.

Les mêmes, un L A Q U A I S.

LE LAQUAIS.

M A D A M E , voici les nouveautés.

Madame D E F O L I N C O U R T.

Ah ! elles arrivent à propos.

(*On les passe au Marquis ; il ouvre une brochure.*)

LE MARQUIS, *lisant.*

Journal politique.

Madame D E F O L I N C O U R T.

A la fin nous pourrons le lire ; il est de la façon d'un de nos amis.

M. DULUTH, *se levant , & lui faisant une révérence.*

Oh, Madame ! rien n'est plus flatteur pour moi , que de vous convaincre que je les remplirai toujours au gré de cette assemblée.

Madame D E F O L I N C O U R T.

Comment ! mais, en vérité, je l'admirois, ce petit avorton de Palais : cela vouloit avoir un sentiment à soi.

M. D U L U T H.

Oh ! c'est ce qui ne m'arrivera jamais.

Madame D E F O L I N C O U R T.

Aussi, soyez bien persuadé que, si quelques esprits malfaits renoncent à vous lire, le parti, Monsieur, fera tant, qu'il vous viendra de nouveaux lecteurs de tous les coins du monde connu où il y a des Académies : car , enfin , Monsieur , nous faisons corps. Qu'est-ce que cette autre brochure , Marquis?

LE MARQUIS.

C'est une Pièce de Théâtre , Madame.

Madame DE FOLINCOURT.

Que vous appellez ?

LE MARQUIS.

LE BUREAU D'ESPRIT.

Madame DE FOLINCOURT.

Qu'est-ce , qu'est-ce que ce titre là ?

M. FARIBOLLE , *se levant.*

Je sais ce que c'est , Madame ; en vérité , c'est une Satyre pitoyable , qui ne mérite pas la peine d'être lue.

M. CALCAS , *se levant précipitamment.*

Non pas la peine d'être lue ; mais les flammes , Messieurs , les flammes.

Madame DE FOLINCOURT.

Comment , les flammes ?

M. CALCAS.

Oui, Madame , c'est un libelle atroce , où l'on ose tourner en ridicule les personnes les plus respectables, les grands Auteurs , les protections , & même les Académies.

Madame DE FOLINCOURT.

Et on lit cela , Monsieur?

M. CALCAS.

Il y a tant de sots & de gens ineptes !

Madame DE FOLINCOURT.

Mais voyez donc quelle impertinence ! Pour moi
je crois en effet que le siècle perd l'esprit.

M. CALCAS.

Dans une préface insolente , mais très-insolente,
Madame, le petit farceur s'est avisé de faire l'Aristo-
phane à nos dépens.

Madame DE FOLINCOURT.

Comment , à nos dépens ?

M. CALCAS.

Eh oui , Madame , à nos dépens : car c'est nous
qu'il timpanise. Ce petit Monsieur se donne les airs
de dire dans une Préface que la clique qui a mis **M.**
Wasp sur la scène, n'a pas droit de s'offenser qu'on
use envers elle de la même licence.

Madame DE FOLINCOURT.

Mais voilà une impudence révoltante : & jouera-
t-on cela , Monsieur ?

M. CALCAS.

Non, Madame , non : les Comédiens ne sont pas
assez hardis , & s'ils s'en avisoient il faudroit avoir
recours à l'autorité , Madame.

Madame DE FOLINCOURT.

Oui , Monsieur , à l'autorité , & je suis persuadée
que nos honoraires remueroient les puissances.

M. FARIBOLLE.

Oui, Madame , cela est juste ; mais pour éviter
l'indécence d'une pareille situation , il ne faut que
du crédit dans les foyers , & nous en eûmes toujours :
j'y ai des tenans & aboutissans , moi.

Madame DE FOLINCOURT.

Il faut écraser cet atóme ; journaux , affiches , sa-

tyres , farcafmes, en un mot toutes les armes du parti ;
mais, Meffieurs , connois-t-on l'Auteur de cette Piéce
audacieufe ?

M. CALCAS.

C'eft un jeune homme, Madame, qui ofe débuter
par-là.

M. DULUTH.

Eh bien , Madame, que penfez-vous de mes pro-
noftics ?

Madame DE FOLINCOURT.

Vous aviez raifon, Monfieur , les tems de barbarie
reviennent à tire d'aîles , & voilà encore un de leurs
avant-couriers. Oh ! grand homme ! grand homme !
il nous faudra bien des préfervatifs !

M. DULUTH.

Oui, Madame, car on rit de ces platitudes-là. La
baffe Littérature gagne terrein.

Madame DE FOLINCOURT.

En vérité , je ne puis réfifter à la décadence où je
vois cet âge vers fa fin. Allons, Meffieurs , écrivez,
écrivez, & fermez tous l'accès aux honneurs littéraires, à tous ces hommes – là ; ils fuccomberont , ils
fuccomberont !

TOUS.

Ecrivons.

M. DULUTH.

Oh , pour moi , M. le Candidat dramatique , je
vous deftine un bel article dans ma Feuille prochaine.

M. FARIBOLLE.

Je lui réferve un Conte & une Parodie.

Madame DE FOLINCOURT.

J'applaudis à cette noble colere ; ne perdez pas un
inftant, je vous promets des partifans & des admira-
teurs.

(127)

M. CURVILIGNE.

Reſſource uſée , Meſſieurs, reſſource uſée , & dont nous avons un peu trop fait uſage pour continuer à y réuſſir.

M. VERSION.

Je ſuis de cet avis , & je crois qu'il vaudroit mieux tout uniment faire bourſiller le parti & s'emparer de l'édition à deniers comptans.

M. CALCAS.

Bon , bon : il eſt bien tems , ma foi ; tout eſt déjà parti. Jamais l'empreſſement du Public n'a été ſi grand à s'emparer d'un mauvais ouvrage.

M. FARIBOLLE.

Ce Public n'a pas le ſens commun. Il aura ri, mor-bleu , il aura ri, & ces abſurdités-là auront fait fortune.

D'OLMONT , fils.

Vous avez raiſon , Meſſieurs, d'autant plus qu'il y a long-tems que cela ne lui eſt arrivé.

LE MARQUIS.

J'ai certaine Gazette à mes ordres.....

M. CURVILIGNE.

Ma foi, il n'y a point d'autre reſſource que celle que nous avons d'abord rejettée, en dire du mal & faire faire défenſe d'en dire du bien.

Madame DE FOLINCOURT.

Dépêchez-vous, Meſſieurs, faites des démarches , écrivez, écrivez encore une fois.

M. CALCAS.

Oui, morbleu, écrivez , & criez ſi fort que l'on n'entende que vous. (*Les Acteurs ſe retirent.*)

Madame DE FOLINCOURT, *au Marquis & à*
d'Olmont.

Pour vous , Meſſieurs, nous paſſerons, s'il vous
plaît, dans mon cabinet , où nous avons à traiter une
autre affaire.

Fin du quatrième Acte.

ACTE

ACTE V.

SCENE PREMIERE.

D'OLMONT, fils, LISETTE.

D'OLMONT, fils.

VOILA, ma chere Lisette, ce qui s'appelle être bien initié.

LISETTE.

Oui, vraiment, Monsieur, très-bien ; mais ne perdez pas un inftant, & puifque Madame vous laiffe ce foin, allez trouver M. votre pere, & voyez avec lui à prendre des arrangemens avec le Notaire.

D'OLMONT, fils.

Il doit dreffer les deux contrats, Lifette ; ils font en tout pareils, il n'aura qu'une tranfpofition de noms à faire.

LISETTE.

Vous, voyez, Monsieur, affurez-vous-en?

D'Olmont fils, fort.)

I

SCENE II.

D'OLMONT, pere, LISETTE.

LISETTE.

BON! l'un fort par un côté, & celui-ci rentre par l'autre.

D'OLMONT, pere, *brufquement.*

Eh bien! que veulent donc dire toutes ces contradictions? ta maitreffe s'imagine-t-elle que je fuis auffi fou qu'elle?

LISETTE.

Oh, Monfieur, ma maitreffe a beaucoup d'imagination.

D'OLMONT, pere.

Comment donc? elle s'avife ce matin de me prendre pour un Savant, enfuite elle me refufe tout plat & avec la froideur la plus infultante: une demie-heure après autre lubie! on m'écrit, on me mande qu'on confent à donner Angélique à mon fils, & au moment même où en rentrant chez moi je reçois cette derniere Epître, on m'envoye dire d'y refter. Un pareil procédé, Lifette, me met dans une colère..... Oh! parbleu! M. Lifimon, vous avez-là une bécaffe de fœur qui feroit bien mieux d'apprendre à vivre que d'être favante.

LISETTE.

Monfieur, je vous réponds qu'on lui donne aujourd'hui une leçon qui pourra fort bien opérer.

D'OLMONT, pere.

Parbleu, je te réponds qu'elle en aura deux, car je fuis venu ici exprès.

LISETTE.

Ah ! Monfieur, calmez-vous un peu.

D'OLMONT, pere.

Me calmer ! lorfqu'on me joue.....

LISETTE.

Eh ! Monfieur, ce n'eft pas pour vous qu'on joue.

D'OLMONT, pere.

Eh ! qui donc, morbleu ?

LISETTE.

C'eft Madame, Monfieur, Madame. Au nom de Dieu, parlez plus bas.

D'OLMONT, pere.

Comment donc cela ?

LISETTE.

Vous ferez vengé ; la bête eft prife, & dans fon propre trébuchet.

D'OLMONT, pere.

Expliquez-moi donc tout cela ?

LISETTE.

Allez, Monfieur, M. votre fils vous cherche pour vous mettre au fait ; il vous en fera tout le détail ; le dénoûment approche.

D'OLMONT, pere.

Mais encore !

L I S E T T E, *avec impatience.*

Allez donc , Monfieur , courez, votre préfence peut nuire ici , & elle eft importante ailleurs.

D'O L M O N T, pere.

Mais dis-moi donc du moins.....

L I S E T T E.

Je vous dis que vous allez tout gâter , & que M. votre fils vous cherche pour paffer chez le Notaire.

D'O L M O N T, pere.

Le Notaire!..... Je n'entends rien à tout cela.

L I S E T T E.

Eh , mon Dieu ! hâtez-vous de joindre M. d'Olmont, il vous le dira.

D'O L M O N T, pere.

Allons donc , auffi bien je n'ai jamais vu fille fuivante auffi difficile à faire parler.

L I S E T T E.

Ni moi homme plus entêté , ni plus curieux. Allez donc M. d'Olmont , allez donc.

D'O L M O N T , pere, *fort impatienté.*

J'y vais , mais..... mais patience..... (*Il fort.*)

L I S E T T E.

Oh' oui patience ! vous en avez autant que Madame de Folincourt a de doctrine.

SCENE III.

HENRIETTE, LISETTE.

LISETTE, *voyant arriver Henriette.*

EN voici encore une….. pour celle-là du moins, si elle est un peu impatiente, elle a sujet. Le titre de fille est un fardeau. (*Elle soupire tres-fort.*) Je sais ce que c'est, moi.

HENRIETTE.

Ma chere Lisette, sommes-nous bien avancées?

LISETTE, *malignement.*

Oui, Mademoiselle, & dès ce soir vous serez Madame la Marquise d'Orsimon.

HENRIETTE.

Ah! Ciel, que m'apprends-tu?

LISETTE.

Votre très-illustre tante, cette femme, qui donne le ton à son siècle, & qui commandera encore bien avant dans les âges à venir, a remué l'une de vos destinées, & vous avez eu le billet blanc.

HENRIETTE.

Eh! peux-tu t'imaginer que j'y souscrive?

LISETTE.

Très-fort même, & je vous conseille de ne pas hésiter.

I iij

(134)

HENRIETTE.

Qui, moi figner !.....

LISETTE.

Oui, Mademoifelle, oui ; nous aurons l'adreffe de corriger en tapinois la malignité de ce deftin-là ; montrez feulement de la foumiffion, & ne vous inquiétez de rien.

HENRIETTE.

Tu me rends la vie, ma chere Lifette.

LISETTE.

Mais le cabinet de Madame s'ouvre : tenez, c'eft encore la tribu philofophique, vîte, cédons la place.

SCENE IV.

Madame DE FOLINCOURT, LE MARQUIS, Meffieurs CURVILIGNE, COCUS, CUCURBITIN, CALCAS, VERSION, FARIBOLLE, DULUTH.

Madame DE FOLINCOURT, *continuant un entretien.*

VOTRE prévoyance eft fort à fa place, M. Curviligne ; notre illuftre chef eft d'un âge avancé, il fe caffe, & n'eft immortel que dans fes écrits.

(135)

M. CURVILIGNE.

Ah! Madame, l'empire des Lettres reclame le choix d'un autre modérateur.

M. DULUTH.

Oui, l'Anarchie, Madame, l'effroyable Anarchie y mettra le désordre & la confusion.

M. CURVILIGNE.

Cette ligue judicieuse &..... néceffaire, oui, né-ceffaire, Madame, qui nous a foutenus contre les efforts de l'envie audacieufe & implacable : cette ligue ne peut fubfifter fans avoir immédiatement un foutien dans un mortel choifi.

Madame DE FOLINCOURT.

Je fens cela comme vous, Meffieurs.

M. DULUTH, *à part.*

Voyons un peu fi on fera de bonne-foi dans cette élection.

LE MARQUIS.

Je crois que le choix ne fera pas douteux, & que s'il faut un fucceffeur, le mérite & les travaux l'ont affez défigné.

M. CURVILIGNE, *avec modeftie.*

Mais je ne vois pas trop.....

LE MARQUIS, *finement.*

On ne mérite jamais mieux une couronne que quand on n'y afpire pas.

M. DULUTH.

Doucement, Meffieurs, doucement; ceci eft une affaire grave & effentielle, il ne faut rien faire avec précipitation.

I iv

M. CURVILIGNE, *fauſſement.*

Sans contredit ; il ne faut pas que le préjugé......

M. DULUTH.

Le préjugé ! mais il eſt tout en faveur de celui qui reſſemblera le plus à l'homme qui regne, il faut qu'il ſoit grand.

M. CURVILIGNE.

Sans doute.

M. DULUTH.

Sublime.

M. CURVILIGNE.

Préciſément.

M. DULUTH.

Univerſel.

M. CURVILIGNE.

A peu près.

M. DULUTH.

Il y a un talent eſſentiel dont on ne peut lui faire grace, un don privilégié d'en haut, une influence céleſte.

M. CURVILIGNE.

Qu'entendez-vous, par-là ?

M. DULUTH.

Le goût, Monſieur, le goût.

M. CURVILIGNE.

C'eſt à dire, le nôtre.

Madame DE FOLINCOURT.

Bien entendu.

M. DULUTH.

Et ſut-tout, Meſſieurs.....

M. CURVILIGNE.

Sur-tout ?

M. DULUTH.

Qu'il soit Poëte.

LE MARQUIS, *à part.*

Je crois sur mon honneur, que ce petit compagnon
a la fatuité de se désigner lui-même.

M. CURVILIGNE.

Poëte, Monsieur !...... Je ne vois pas cette nécef-
ceffité-là.

LE MARQUIS.

Ni moi non plus.

M. DULUTH.

Oh ! Monsieur, je vais la démontrer.

M. CURVILIGNE, *avec humeur.*

Démontrer ! Démontrer eft fort bon, Monsieur.

M. DULUTH, *avec douceur.*

Oui, Monsieur, démontrer.

M. CURVILIGNE.

Ah ! Monsieur va démontrer !

LE MARQUIS.

Quelque écart poëtique, fans doute !

M. DULUTH.

1°. Les complimens.

M. CURVILIGNE.

Il les fera en profe, Monsieur.

M. DULUTH.

En profe, Monfieur, des complimens.

LE MARQUIS.

Oui, Monfieur, un jeune homme comme vous voyez, ne fait pas tout; vous citez un compliment en vers, parce que vous n'en avez jamais fait comme cela qui ne vous en ait valu un autre : on encourage quelquefois un enfant, mais on rit du pigmée qui veut faire le géant tout d'un coup.

M. CURVILIGNE, *bas au Marquis.*

A merveille, ce petit rimailleur veut déjà trancher du grand homme.

M. DULUTH.

Pigmée, Monfieur ! j'en appelle à Madame. Vous infultez le Corps ; il n'y a point de pigmée ici.

LE MARQUIS.

Non, mais pour être monté fur les épaules d'autrui il ne faut pas tout d'un coup fe croire un Titan.

M. CURVILIGNE, *bas au Marquis.*

Bien répliqué.

M. CALCAS.

Eh ! doucement, Meffieurs, doucement; l'humeur gâte tout, & vous allez révéler le fecret de l'illuftre fociété.

CURVILIGNE.

Sans doute, M. Calcas a raifon ; il faut fe modérer & attendre les honneurs.

M. CALCAS.

Je vous confeille, Meffieurs, de jetter les yeux

fur un homme judicieux , favant, dont le génie, dégagé de la teinte de fon fiècle , ait été nourri du lait pur de l'antiquité , non pas, à la vérité, de l'antiquité pèfante & didactique, (*regardant M. Cocus.*) mais de cette pure flamme qui embrâfe & qui infpire.

LE MARQUIS, *à part.*

Je crois que ce fou-là a envie auffi de fe remettre fur les rangs. (*Haut*) Meffieurs je ne vois qu'un homme parmi nous, je ne dis pas feulement capable d'être le fucceffeur, mais même l'émule de l'homme célèbre , & la poftérité éclairée, à l'imitation de ce fiècle, les placera fur la même ligne.

M. DULUTH, *avec prétention.*

Cela fe peut, Monfieur, je le penfe bien ainfi ; mais les fuffrages doivent être libres.

LE MARQUIS.

Libres ! petit Poëtereau !

M. DULUTH.

Miférable panégyrifte ! parce qu'il n'eft point une niche où vous ne vouliez placer votre Saint....
(*Ils fe menacent.*)

Madame DE FOLINCOURT.

Ah ! Meffieurs, arrêtez-vous donc.

M. CURVILIGNE, *froidement.*

En vérité, Monfieur Duluth , vous êtes bien emporté.

M. DULUTH.

Comment donc, emporté ? .... Poëtereau ! avez-vous entendu, Monfieur : Poëtereau ! ....

M. CURVILIGNE.

Eh ! oui, Monſieur. Cette eſpèce de gens-là eſt plus propre à être Trompette d'un parti, qu'à en être le Chef ; & j'ai ſouvent appliqué cette penſée à votre ancien : il eſt vrai que la renommée d'un homme peut bien quelquefois décider à le reconnaître pour maître, malgré l'infériorité de ſon eſpèce : Poëtereau, Poëte, comme vous voudrez....

M. CALCAS.

Ah ! Monſieur ! .... Homere....

M. CURVILIGNE.

N'étoit qu'un ſot auprès d'Archimède.

M. CALCAS, *fâché.*

Un ſot ! Monſieur, Homere un ſot !

M. DULUTH, *l'encourageant.*

Fort bien, Monſieur Calcas, fort bien ; il m'en a dit bien d'autres à moi.

M. CALCAS, *ſe retournant bruſquement.*

Oh bien ! à la bonheure, Monſieur ; mais pour Homere, c'eſt comme s'il m'en diſoit à moi-même.

LE MARQUIS, *ricannant.*

Il ſeroit pourtant difficile de prendre l'un pour l'autre.

M. CALCAS, *écumant de colère.*

Oh ! pour le coup, Monſieur, vous paſſez toutes les bornes, & je vous ferai bien voir.....

Madame DE FOLINCOURT.

Au nom de Dieu ! Monſieur, point de bruit. N'allez pas, comme les fucceffeurs d'Alexandre, partager un Empire qui ne peut fubfifter que par l'union.

M. CALCAS.

Oh, parbleu ! tant que vous voudrez , Madame ; mais on m'infulte !

(On entend du bruit ; tout le monde fe hâte de fe remettre de la chaleur de la difpute , en fe faifant des fignes de fe contenir : après un moment de filence , on fe raffure.)

Madame DE FOLINCOURT.

Ah ! Meffieurs, fi vous faviez qu'il faut de précaution & de politique, pour qu'un corps favant fe foutienne , combien il feroit dangereux que l'ennemi connut les divifions qui peuvent s'y gliffer.

M. CURVILIGNE, *avec un air de profonde reflexion.*

C'eft très-juftement obfervé , Madame.

Madame DE FOLINCOURT.

Eh ! mon Dieu ! il eft un moyen de vous mettre tous d'accord : laiffez à l'homme immortel le foin de défigner lui-même fon fucceffeur.

M. VERSION.

Voilà ce qui s'appelle un avis fage.

M. FARIBOLLE, *d'un ton précieux.*

Je fuis prêt à rendre hommage à celui qu'il fe fubftituera ; pour moi, je fuis modéré comme ce pauvre Bélifaire.

M. DULUTH.

Comme cela, d'accord.

LE MARQUIS, *bas à M. Curviligne.*

Par-là, mon ami, ces bonnes gens nous cèdent le haut du pavé.

M. DULUTH, *à part.*

Je lui dédierai six Tragédies ; je ferai vingt Odes à sa louange ; je déchirerai tout, ancien & moderne : il faudra bien que je l'emporte.

M. CURVILIGNE, *bas au Marquis.*

Vous avez raison, Marquis ; le vieux renard est trop fin pour se donner un Versificateur pour substitut : il aime mieux laisser un vuide.

M. CALCAS.

Voilà ce qui s'appelle de la modération, cela. (*A part.*) Je ne pourrai porter ombrage, je n'ai jamais écrit une ligne.

Madame **DE FOLINCOURT.**

Vous consentez donc, Messieurs, qu'il nomme lui-même celui qui doit regner après lui sur les talens & les opinions ?

(*TOUS ENSEMBLE.*)

Oui, Madame.

Madame **DE FOLINCOURT.**

Eh bien ! apprenez ses volontés, & applaudissez en même-tems à la justesse de son choix ; soyons de bonne-foi, Messieurs : ce n'est point un petit fardeau, que celui d'occuper la place de l'illustre & immortel génie, dont la fragilité des choses humaines va nous priver.

M. CURVILIGNE, *à part au Marquis.*

Cette vieille femme radote dans ses affections.

LE MARQUIS, *bas à M. Curviligne.*

Et ce n'en peut être qu'une preuve qu'elle va nous donner.

Madame DE FOLINCOURT.

Ce grand-homme a tout prévu ; un homme aussi rare dans un genre, s'il ne peut être complettement remplacé dans ce genre même, peut au moins l'être par un grand-homme dans un autre.

LE MARQUIS, *bas à M. Curviligne.*

Mais savez-vous que ceci vous ressemble assez.

Madame DE FOLINCOURT.

Ce n'est point dans la Poësie, ni dans les sciences exactes....

M. CALCAS, *à part.*

Oh, parbleu ! c'est moi ; car je suis mixte.

Madame DE FOLINCOURT.

Ses yeux ont parcouru l'univers ; ils y ont rencontré un dominateur & un conquérant : dominateur & conquérant lui-même sur les opinions & les préjugés, voilà l'homme à qui il veut transmettre cette couronne immortelle que nous lui décernons tous.

M. FARIBOLLE.

Mais vraiment : c'est fort bien pensé à lui.

M. DULUTH.

Eh ! quel est donc, s'il vous plaît, Madame, ce Conquérant ?

Madame DE FOLINCOURT.

L'honneur du siècle & l'étonnement de l'univers, un Philosophe sur le trône, un Sçavant couronné, l'émule de Mars , le favori d'Appollon , le Salomon de....

M. CALCAS.

A tous ces titres pompeux , & juſtement mérités, c'eſt *Kerinkam* , la gloire de la Perſe & la terreur des Turcs.

Madame DE FOLINCOURT.

Préciſément. Hé bien ! Meſſieurs.

(*TOUS ENSEMBLE.*)

Fort bien , fort bien.

M. DULUTH.

Et quand le verrons-nous , Madame ? (*A part.*) Parbleu , je ne me ſerois guères douté de me voir jamais aſſis à côté des Rois ; il y a ſi loin de mon galetas à un trône : ce que c'eſt qu'une Académie ! comme cela rapproche les êtres !

Madame DE FOLINCOURT.

Après le ſiége de Baſſora , Meſſieurs , la harangue de Sa Majeſté ſera prononcée ici par ſon Ambaſſadeur : gardez tous au-dedans de vous – même cette heureuſe nouvelle , & que ce grand événement , ſoigneuſement dérobé à la cabale , puiſſe , en ſe vérifiant , étonner tout d'un coup l'univers.

SCENE

SCENE V.

Les mêmes, LISETTE, LE NOTAIRE,
D'OLMONT, fils.

LISETTE.

Madame, votre Notaire eſt arrivé.

Madame DE FOLINCOURT.

Qu'il entre, Liſette.

LISETTE.

Le voici avec votre illuſtre neveu, Madame.

Madame DE FOLINCOURT.

Eh bien, Monſieur, avez-vous ſtipulé l'aſſurance
de la moitié de mon bien à chacune de mes nièces.

LE NOTAIRE.

Oui, Madame ; vous plaît-il que je faſſe lecture ?

Madame DE FOLINCOURT.

Eh ! non, non, Monſieur; Dieu me préſerve d'entendre ce ſtyle barbare ; il ſuffira bien de ſigner :
Liſette, faites deſcendre mes nièces.

(*Liſette ſort.*)

K

SCENE VI.

LES MÊMES.

Madame **DE FOLINCOURT**, *à d'Olmont, fils, & au Marquis.*

NOUS fignerons toujours le contrat ; & comme je ne préfume pas que mon frère refufe de le ratifier, j'aurai toujours le plaifir, en attendant fon arrivée, de vous regarder comme mes illuftres neveux ; s'il arrivoit qu'il me fit quelques-unes de ces objections, que l'on peut attendre d'un homme de cette lourde cathégorie, j'aurai toujours un engagement à lui op-pofer.

SCENE VII.

Les mêmes, ANGÉLIQUE, HENRIETTE, LISETTE.

Madame DE FOLINCOURT.

MES nièces, j'affure aujourd'hui votre gloire & votre bonheur à la fois ; j'efpère, Henriette, que vous ne ferez aucune difficulté d'obéir.

HENRIETTE.

Mais, Madame....

Madame DE FOLINCOURT.

Comment ! mais, Mademoiselle, quel mais pouvez-vous avoir ?

HENRIETTE.

Je vais signer, Madame, puisque vous le voulez.
(Madame de Folincourt, le jeune d'Olmont, le Mar-
quis, & quelques autres signent le contrat.)
UN LAQUAIS.

Monsieur d'Olmont, pere, Madame.

Madame DE FOLINCOURT.

Eh ! mon Dieu ! que vient-il faire ici ?

SCENE VIII *& derniere.*

Les mêmes, D'OLMONT, pere.

D'OLMONT, pere, *en entrant.*

MADAME, je viens vous témoigner ma joie &
ma reconnoissance, du choix que vous venez de faire
de mon fils pour votre neveu.
(Il prend le contrat des mains du Notaire, & le signe.)

Madame DE FOLINCOURT,

Qu'est-ce que cela veut donc dire, Monsieur ?

D'OLMONT, pere.

Que je me rends à vos desirs, Madame, & ratifie
l'alliance que vous venez de former.

K ij

Madame DE FOLINCOURT.

Je voudrois bien favoir, Monfieur, comment cette alliance là a befoin de votre ratification ?

D'OLMONT, pere.

Comment ? Mais vraiment ; ce Docteur là m'appartient d'affez prés , pour que je me mêle de fes affaires.

Madame DE FOLINCOURT, *avec joie.*

Ah , Monfieur! c'eft Monfieur votre fils..... & que ne difiez-vous cela d'abord ?

D'OLMONT, fils.

Pardonnez , Madame , à l'amour malheureux, l'artifice qu'il m'a infpiré.

ANGÉLIQUE.

Oui, ma chere tante, Monfieur d'Olmont n'étoit pas Savant ; mais pour obtenir votre aveu, & votre confentement à notre union....

D'OLMONT, fils, *à Angélique.*

Il faut encore que je vous détrompe, Mademoifelle ; M. le Marquis étoit mieux votre fait que moi , & le contrat qu'on vient de figner, affure ma félicité, en m'uniffant à votre aimable fœur.

Madame DE FOLINCOURT.

Mais que veut donc dire tout cela ? Jouons-nous la Comédie ?

LISETTE.

Oui , Madame, & nous en fommes précifément au dénouement. Monfieur n'eft point Savant , il eft amoureux ; & grâce au docte affublage, dont il s'eft revêtu, & à une belle lettre, dont nous avons payé la façon à un bel-efprit qui travaille pour le public , il eft l'époux de Mademoifelle Henriette.

Madame DE FOLINCOURT, *furieuse.*

Comment ! jouer ainfi une femme comme moi !

ANGÉLIQUE.

Cela eft violent, Madame ! cela eft violent !

LISETTE, *à Angélique.*

Vous l'auriez trouvé plus doux, Mademoifelle, s'il vous eût eu pour objet.

D'OLMONT, fils, *aux genoux de Madame de Folincourt.*

Pardonnez, Madame, une furprife que je jufti-fierai....

Madame DE FOLINCOURT.

Comment, Monfieur, vous n'arrivez pas du Pays de Gex ?

D'OLMONT, fils.

Non, Madame.

Madame DE FOLINCOURT.

Et cette lettte ?

D'OLMONT, fils.

N'en étoit pas ; mais, Madame, je fais à vos pieds le ferment folemnel d'y aller, & de vous en rappor-ter une.

Madame DE FOLINCOURT, *après un moment de réflexion.*

Eh bien ! à cette condition relevez-vous.

ANGÉLIQUE, *avec dépit.*

Comment, Madame ! vous pardonnez !

Madame DE FOLINCOURT.

Oui, ma nièce ; mais vous n'y perdrez rien : le Marquis, déjà si célèbre....

ANGÉLIQUE, *au Marquis qui s'approche.*

Dieu ! quelle horreur ! (*Elle sort avec rage.*)

Madame DE FOLINCOURT, *courroucée.*

Mais voyez donc l'extravagante !

LE MARQUIS, *confus.*

Ce n'est rien, Madame, ce n'est rien. (*Il sort.*)

LISETTE.

Un Sage se console de tout.

D'OLMONT, pere.

Nous la dédommagerons, Madame ; & puisqu'un Savant lui fait peur, je me charge de lui chercher un grand garçon comme celui-là.

Madame DE FOLINCOURT.

Quoi ! Monsieur ! qui ait autant d'esprit ?

D'OLMONT, pere.

Vous en inspirez à tout ce qui vous entoure. Il me semble que cela me prend aussi, moi.

Madame DE FOLINCOURT, *satisfaite.*

Fort bien, en vérité !

D'OLMONT, pere.

Ah ça, d'Olmont, je t'enjoins de te rendre digne d'être bientôt un adepte. Si les illustres veulent bien me le permettre, je me flatte de tenir mon coin parmi eux, pour le moins à table.

M. VERSION, *poliment.*

Avec un efprit gai, & un bon cœur, on eft toujours affez favant.

LISETTE.

C'eft encore plus qu'il n'en faut pour un honoraire.